내 방에서
콩나물 농사짓기

아자 이모의 생활 도감
내 방에서 **콩나물 농사짓기**

초판 1쇄 2017년 10월 26일 펴냄

기획 _ 바람하늘지기
글 _ 이정모, 노정임
그림 _ 안경자
디자인 _ 토가 김선태
인쇄 · 제본 _ 갑우문화사
도움주신 분 _ 노환철, 한만석

펴낸곳 _ (도서출판) 아이들은자연이다
등록번호 _ 제2013-000006호(2013년 1월 17일)
주소 _ 서울 양천구 목동서로 37, 908호
전화 _ 02-332-3887
전송 _ 0303-3447-1021
전자우편 _ aja0388@hanmail.net
블로그 _ blog.daum.net/aja0388

ⓒ 이정모, 노정임, 안경자, 2017

ISBN 979-11-88236-01-5 73400

* 이 도서의 국립중앙도서관 출판예정도서목록(CIP)은 서지정보유통지원시스템
  홈페이지(http://seoji.nl.go.kr)와 국가자료공동목록시스템(http://www.nl.go.kr/kolisnet)에서
  이용하실 수 있습니다.(CIP제어번호: CIP2017025958)
* 잘못 만들어진 책은 구입하신 곳에서 교환해 드립니다.
* 책값은 뒤표지에 있습니다.

아이들은자연이다(아자) 출판사 이름에는 현재 우리 아이들과, 한때 아이였던 모든 이들이
건강한 자연의 에너지를 담뿍 안고 있음을 잊지 않으며 책을 만들겠다는 마음을 담았습니다.
사람과 자연을 이해하고 응원하는 책을 만들기 위해 노력합니다.

어린이제품 안전특별법에 의한 기타 표시

제조자명 아이들은자연이다 | **제조국명** 대한민국 | **제조년월** 2017년 10월 | **사용연령** 8세 이상
전화번호 02-332-3887 | **주소** 07984 서울시 양천구 목동서로 37, 908호
주의사항 종이에 베이거나 긁히지 않도록 조심하세요. 책 모서리가 날카로우니 던지거나 떨어뜨리지 마세요.

아자 지식책

아자 이모의 생활 도감

내 방에서
콩나물 농사짓기

글 이정모·노정임 그림 안경자

들은
아이로는
자연이다

- 날마다 과학 강연. 부르면 간다.
  나를 부르는 데는 이유가 있겠지.
  근데 오늘은 어디지?

- 이정모 관장님! 여기요!!

- 여긴 어딥니까? 누구에게 강연하는 거죠?

- 오늘은 책을 통해서 강연해 주세요.
  전국의 어린이들이 다 들을 수 있게요!

- 그것 괜찮겠군요.

- [농업]에 대해 알려주세요.

- 강연록을 먼저 드리죠.

- 앗, 강연록이 네 가지나 되네요?

- 어린이들 취향이 다양하니까
  다양하게 준비했습니다.

- 저는 농촌에서 자랐어요.
  어릴 때에는 사람들이 다 농사를 짓고
  사는줄 알았는데,
  사람들이 농사와 너무 멀어져 있더라고요.
  그래서 강연해 달라고 말씀드렸던 거예요.

- 저도 잘못 알고 있었던 게 있어요.
  농사는 후진국에서 짓는 것이라고 알았어요.
  그런데 아니에요. 선진국은 다 농업 국가죠.
  그리고 농부들이 잘사는 나라예요.

- 왜 그런지 이 강연을 들으면 알 수 있겠네요?

- 농업과 멀어지면 안 됩니다.
  지금 어린이들이 어른이 되었을 때에는
  농학은 이 세상에서 가장 중요한 학문이
  되어 있을 텐데요.
  과학적 상상력도 발휘하고, 스스로 지어 볼 수 있는
  농사도 알려드리겠습니다.

현재 서울시립과학관 관장으로 일하고 있어요.
어릴 때 꿈은 판사였습니다. 근사해 보였거든요.
그리고 아버지처럼 소방관도 되고 싶었습니다.
고등학교 때 대학의 학과를 고르면서 농학과 관련된 일을
해야 한다고 생각했습니다. 우리나라 형편이 어려운 것은
모두 농촌이 부실해서라고 생각했거든요.
지금도 농업이 중요하다는 생각은 변함 없어요.
독일에서 한창 공부하던 중 직업은 좋아하는 것을
고르는 게 아니라 잘할 수 있는 것을 해야 한다고 깨달았어요.
저는 가르치는 것을 좋아하고 잘했습니다. 생물과 화학을
가르치면 우리나라에서 가장 잘 가르칠 것이다, 생각했죠.
지금 이틀에 한 번 강연을 하고 있어요. 강연을 듣듯이
이 책을 즐겁게 읽어 주세요.

어머니와 아버지,
지구의 농부들,
그리고 미래의 모든 농부들께

차례

강연 ❶
모든 것을 바꾼 농업의 역사

- 인류의 첫 번째 혁명은 무엇일까? _12
- 인구와 농사는 어떤 관련이 있을까? _14
- 한눈에 보는 우리나라 농업 유물 _16
- 농사는 과학 기술일까? _18

[대화창] 신석기인은 왜 농사를 짓기 시작했을까? _20

강연 ❷
화성에서 화학자랑 콩 농사짓기

- '화성 실험실'에서 농사를 지으려면 무엇이 필요할까? _26
- 분자를 쪼개서 물 만들기 _28
- 그다음, 거름이 필요해 _32
- 화학자도 못 만드는 것, 씨앗 _38

[대화창] 원소와 화학 그리고 광합성 _44

강연 ❸

오늘부터 농부 콩나물 기르기

- 내 방에서 농사짓기 준비 _56
- 준비 ❶ 밭 만들기 _58
- 준비 ❷ 씨앗 구하기 _60
- 준비 ❸ 재배 기술 배우기 _62
- * 농부에서 요리사로 (콩나물무침) _72
- [대화창] 과학 공부의 비법 _74
- * 관찰과 기록 _78

강연 ❹

이것이 농사다

- 농업의 3요소는 뭘까? _86
- 어디까지가 농업일까? _88
- 점점 더 넓어지는 농사 _90
- 농사는 1만 년, 엽록체는 35억 년 _92

* 이 책을 만든 사람들 _96
* 편집 후기 _98
* 참고 도서와 자료 _100

강연마다 개성 있는 시간과 장소를 담은 이야기가 있어서 순서대로 읽지 않아도 이해하는 데에 무리가 없어요.
자신의 취향에 따라 순서를 선택해서 읽을 수도 있고요.

○ 역사를 알면 현재를 안다. ▶ 역사학자형: 1→2→4→3
○ 어디든 간다. ▶ 여행가형: 2→3→1→4
○ 실험하고 탐구한다. ▶ 과학자형: 3→4→2→1
○ 단어 뜻을 알고 정의를 내린다. ▶ 국어학자형: 4→1→3→2

어떻게 읽더라도 점점 농사, 농업, 농부가 하는 일을 알 수 있게 될 거예요.

무엇을
그린 걸까?

▶ 답: 55쪽

이 책에 자주 쓰인 단어 일러두기

- **농부:** 농민, 농부, 농사꾼 등 농사짓는 사람들을 부르는 이름이 많습니다. 이 책에서는 농부로 썼습니다. '농부農夫'도 있고 '농부農婦'도 있습니다. 한자로 부부夫婦(남편, 아내)와 같습니다. 즉 이 책에서의 농부는 남성, 여성 모두 아우르는 단어입니다.

- **농업:** 본디 1차 산업입니다. 곡식, 채소, 가축, 나무, 꽃을 기르는 등 자연에 직접 작용하여 이루는 산업을 말해요. 2차는 제조업, 3차 산업은 서비스업인데, 최근 농업을 1차, 2차, 3차 산업을 합하여 6차 산업이라고도 말합니다. 농업은 6차 산업이라고 말하기 전부터 종합 산업입니다. 어떻게 부르든 농업은 생산을 담당하는 기초 산업임은 변함이 없습니다.
농업의 범주도 식물과 동물을 생산하는 것부터 가공과 유통까지 아주 넓습니다. 이 책에서는 땅에서 곡식과 채소를 기르는 이야기를 중심으로 합니다. (* 전체 농업의 범주는 88~89쪽에서 펼쳐 보입니다. 고등학교《농업 이해》교과서 기준에 따랐습니다. / * 14~15쪽의 세계 인구 수는 유엔(UN)의 발표에 따랐습니다.)

강의 소개

● 강연자 **이정모 선생님**

> 어떤 책을 읽더라도,
> 어떤 수업이나 강연을 듣더라도
> 호기심이 생기면 호기심을 막지 마세요.
> 마음껏 생각과 지식을 넓혀가세요.
> 그러면서 생기는 여러분의 질문을 적어두고,
> 천천히 해결해 보세요.
> 강연을 하는 제가 가장 바라는 거예요.

오늘의 강연 내용

❶ 1만 년 농업의 역사를 배우며 시간이 흘러도 변하지 않을 중요한 가치와 기술을 배운다.

❷ 화성이라는 행성에서 농사를 지어보는 실험을 통해 지구에 흔한 물, 거름, 흙 그리고 씨앗을 다시 본다. 화학 공부는 덤!

❸ 일주일이면 농부가 될 수 있다. 바로 내 방에서, 부엌에서, 교실에서 콩나물을 길러보자.

※ 관찰 기록 공책도 써 보자.

❹ 현재 농사짓는 행성의 지구인 1/3은 농사꾼! 농사의 정의와 범위를 살펴보자.

강연 ①

모든 것을 바꾼
농업의 역사

어떤 시인이 말했어요.

"신기한 것들에 한눈팔지 말고,

당연한 것들에 질문을 던지세요."

농사를 짓기 전 우리에게 딱 맞는 가르침입니다.

가까운 것, 당연한 것, 중요한 것에

질문을 던져 봅시다.

질문을 잘해야 답을 얻을 수 있습니다.

무려 10000년 동안 사람들이 이어온 농사에

가까이 다가갈 수 있을 거예요.

■ 인류의 첫 번째 혁명은 무엇일까?

당장이라도 세상에서 가장 쉬운 콩나물 농사짓기를 알려드리고 싶지만 그전에 농사의 역사를 함께 보자고요.
1만 년 전(또는 1만 2천 년 전)부터 지구의 사람들은 농사를 짓기 시작했습니다. 우리는 지금도 농사를 짓고 있죠. 만약 사람들이 농사를 짓지 않았다면 어땠을까요? 아마도 역사책이 없었을 것입니다. 골치 아픈 역사를 공부하지 않아도 되었을 것입니다.
어떤 역사책이든 펴보세요. 신석기 시대에는 반드시 '신석기 혁명'이라는 말이 나옵니다. 농사를 짓기 시작하면서 사람들이 마을을 이루고 모여살기 시작했고, 남는 식량과 여유가 생기면서 크나큰 변화가 생겼기 때문에 '혁명'이라는 말을 쓰는 거예요. 신석기 혁명과 비슷한말은 '농업 혁명'입니다. 신석기에 시작된 농업은 모든 것을 뒤집는 혁명과도 같았어요.

● 구석기

구석기 사람들은 한곳에 정착해 살지 않으며 집을 짓지 않고 이동하며 살았어요.

사냥과 채집

뗀석기

70만 년 전 ~ 1만 년 전

● 신석기

농경지를 만들고, 마을을 이루어 모여살면서 마을마다 도시마다 길을 내고 교통수단을 만들어 이동했어요. 최근에는 인류가 누비지 않는 곳이 없지요.

우리가 볼 책은 위 책이에요.
1만 년 전 신석기부터 현재까지!

역사책에서 구석기의 시작은 70만 년 전입니다. 아주 긴 기간이지만 남아 있는 기록이 적어서 책에서 구석기는 아주 짧게 설명되지요. 만약 시간의 길이만큼 구석기를 책으로 만들면 신석기보다 70배 더 두꺼운 분량이 될 거예요.

농사짓기 좋은 곳에 더 많은 사람들이 모여살고, 함께 살기 위한 여러 제도와 법, 이를 기록하는 문자도 생겨났고 뒤이어 책도 만들어졌어요. 선사(사람들이 기록을 남기 전) 시대를 지나 문명사회가 되고 지식을 담는 책이 등장하는 바탕은 바로 '농사'입니다. 농사는 인류가 가장 먼저 시작한 산업이에요. 1만 년 이상 끊임없이 꾸준히 지금까지 지속되고 있고요.

■ 인구와 농사는 어떤 관련이 있을까?

 농사를 짓지 않았다면 책은커녕, 나도 못 태어났을 거예요.

 네? 농사를 짓지 않았다면 사람이 멸종했을 수도 있나요?

 아뇨. 멸종까지는 아니겠지만, 인구가 지금처럼 증가하지 못했을 테고, 그러면 우리 엄마랑 아빠가 만날 기회도 아주 적었을 것이고, 그럼 내가 태어나지 못했을 가능성이 높아요. 태어날 확률이 몹시 낮아지지요.

 농사 혁명으로 인구도 늘어난 거예요?

 당연하지요. 농사로 식량 생산이 늘어났기 때문에 인구가 늘어났어요. 앞으로도 인구는 더 증가할 거예요.

 1974년에 세계 인구가 40억 명이 되었군요.

 네. 약 40년 전이죠. 50여 년 동안 세계 인구가 약 2배 더 늘었어요.

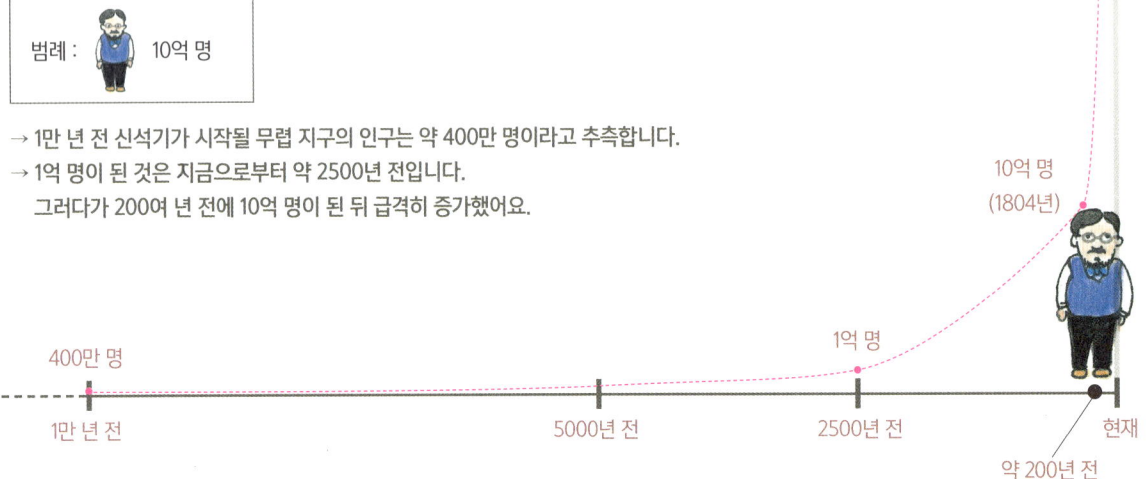

→ 1만 년 전 신석기가 시작될 무렵 지구의 인구는 약 400만 명이라고 추측합니다.
→ 1억 명이 된 것은 지금으로부터 약 2500년 전입니다.
　그러다가 200여 년 전에 10억 명이 된 뒤 급격히 증가했어요.

● 1만 년 동안 세계 인구 증가 그래프

세계 인구의 약 50퍼센트가 최근에 늘어난 거네요?
찾아 보니까 유엔(UN)에서 1974년을 '세계 인구의 해'로 정했어요.

인구는 늘고 있으나 지구의 크기는 늘어나지 않죠.
현재 6초마다 15명이 태어나고 있어요.
그래도 먹을거리가 부족하지 않아요.
농사의 힘 덕분이죠. 골고루 나뉘지 않는
문제는 세계인이 함께 고민해야 할
숙제이고요.

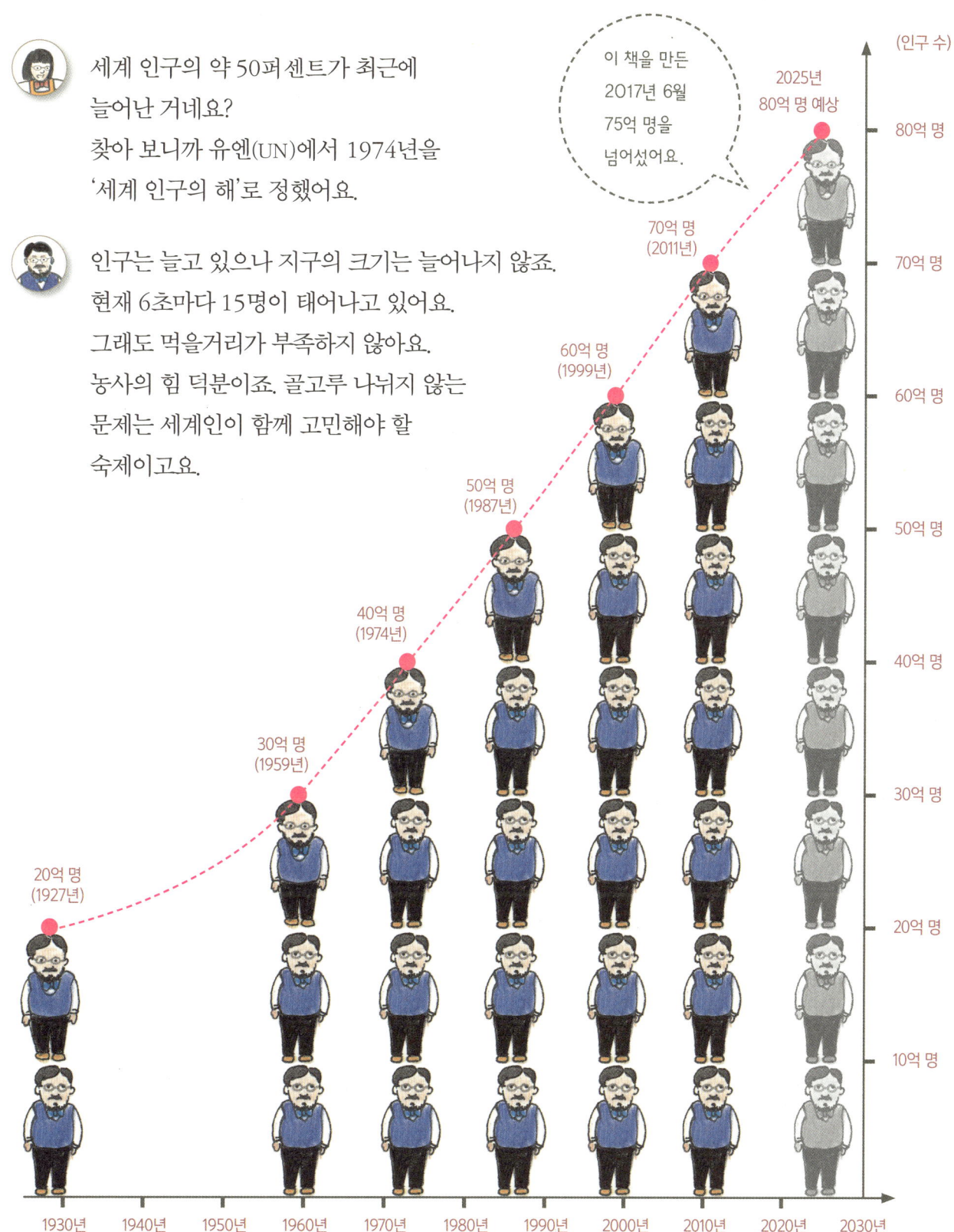

● 최근 100년 동안 세계 인구 증가 그래프

■ 한눈에 보는 우리나라 농업 유물

도구의 역사를 보면 지구에서 사람들이 어떻게 살아왔는지 알 수 있어요. 아래 그림은 우리나라에서 발견된 1만 년 동안의 농사와 관련된 유물이에요. 농사짓기가 사람의 생활을 뿌리째 바꾸었어요. 떠돌며 살던 사람들이 농사짓는 땅 가까이에 집을 짓고 살기 시작했어요. 돌로 만들어 쓰던 여러 가지 도구도 정교하고 단단하게 발전시켰어요.

● **석기 시대**

농사짓기를 시작하고 나서 수렵과 채집도 계속되었어요.

구석기　　　　　　　　　　　신석기

신석기를 지나 청동기가 되면서는 더 큰 규모의 마을, 그러니까 '국가'도 세워져요. 한국사와 세계사가 따로 떨어져 있는 것이 아니기 때문에 우리나라도 마찬가지입니다. 우리나라는 청동기 시대에 첫 국가인 고조선이 세워졌지요. 약 5000년 전이에요.

● 철기 시대

■ 농사는 과학 기술일까?

우리나라 첫 농사 책은 무엇일까요? 가장 유명한 임금이 등장합니다. 바로 세종 시대에 처음 만들어졌어요. 책의 제목은 《농사직설》입니다. 그전에도 농사 책은 있었으나 중국의 책이었습니다.

《농사직설》책 이름은 직접 경험한 농사법을 담아냈다는 뜻이지요. 고려 말부터 조선 초에 부쩍 발전한 농사법을 담았다고 합니다. 벼, 보리, 콩, 조와 같은 주식을 기르는 방법뿐만 아니라 땅을 가는 방법, 새로 들여온 씨앗인 목화를 기르는 법도 담겨 있었습니다. 물을 대고 벼를 기르는 논농사도 이때부터 우리나라에 널리 퍼지게 되었습니다.

농사와 함께 발전한 학문이 있어요. 바로 천문학입니다. 하늘을 관찰하는 천문학은 농사와 아주 밀접하지요. 날씨는 농사에 아주 큰 영향을 끼쳐요. 천문학은 이후 달력을 만드는 토대가 되었고, 달력은 다시 농사를 짓는 사람들에게 도움이 되었어요. 세종 임금 때에도 천문학이 발전하여 우리나라에 맞는 달력(칠정산)을 만들 수 있었고요, 측우기, 수표와 같은 강수량을 측정하는 과학 기술도 발전하였습니다.

농사를 짓고 나서 남는 식량이 생겼기 때문에 식량을 구하는 일 말고 다른 일도 할 수 있습니다. 농사는 우리에게 공부하고 연구하고 또 놀 수 있는 여유 있는 시간을 주었습니다. 농사는 과학 기술을 발전시켰고 다시 과학 기술은 농사에 큰 영향을 끼쳤습니다.

현재도 마찬가지입니다. 농사를 짓지 못한다면, 인류는 기차나 우주선도 만들 수 없을 것입니다. 농사를 짓고 있지 않다면 구석기 시대의 사람들처럼 먹을거리를 찾아 들을 누비고 산에 가서 열매를 따고 강으로 바다로 물고기를 잡으러 다니며 하루를 모두 보내야 겨우 살아갈 수 있을 테니까요.

신석기인은 왜 농사를 짓기 시작했을까?

 그나저나 신석기인이 농사를 왜 짓기 시작했는지에 대해서 여러 이야기가 있어요.

 우연히 찾아낸 거 아닌가요? 열매를 먹고 나서 씨앗을 집 주변에 버렸는데 싹이 돋아난 것을 보고, 오호! 농사를 지어보자…?

 그랬을 수도 있죠. 그런데 주변 환경과 함께 보면 다른 상상을 해볼 수 있어요.

 환경이요?

 농사짓기 전에 사람들이 먹던 밥을 봅시다. 먹이를 빼고 동물을 말할 수 없죠. 그 즈음 사람들이 잡아먹던 덩치 큰 대형 동물들이 대부분 사라졌어요.

 아, 그럼 동물들이 줄어들어서 농사를 짓기 시작한 건가요?

 화석을 보면, 대형 동물은 사라지고 농사를 지은 직후 신석기인들의 영양 상태가 더 안 좋아졌어요.

 농사로 영양이 더 좋아진 줄 알았는데……. 아니었군요!

 농사는 아주 힘든 일이에요. 처음에 밭을 일구며 농경지를 늘리기는 정말 어려웠을 거예요.

 그럼 농사는 먹을거리가 줄어들어서 어쩔 수 없이 시작한 걸까요?

 그러니까 농사는 우연히 지은 것이 아니라 열심히 노력한 결과였다고 볼 수 있죠.

 신석기인들 힘들었겠어요. 채집하고 사냥할 먹을거리는 줄고, 새로운 기술 농업을 배워야 했으니까요.

 그 뒤 농경지가 많아지고 나서는 인구가 급격히 늘기 시작했어요. 구석기에 비해 인구가 급격히 늘면서 농경지는 더욱 늘어나야 했고, 집과 도구, 그리고 땔감으로 이용하는 목재가 아주 많이 필요했죠. 그래서 숲이 대규모로 파괴되기 시작한 것도 농사의 시작과 비슷한 시기예요.

농사는 분명 혁명이었던 거네요.

 사람의 삶도 바꾸고 자연도 바꾸었죠.
아 참, 농사지은 뒤 사람들의 평균 키도 작아졌어요.
농사짓는 데에 키가 클 필요 없죠. 환경과 생물의 모습은
서로 영향을 주고받아요.

그나저나 조선 시대에 세종 임금은 《농사직설》을
1000부나 찍었어요.

 그때 인구를 생각하면 굉장히 많이 찍었지요.
조선을 건국할 당시 인구가 300만 명이었어요.

맞아요. 오늘날에도 학술서 초판 1000권이면
많은 편인데요.

 《농사직설》은 몇몇 앞선 농부들이 직접 찾아낸 방법을
모아서 알려주었어요.

농부들의 경험을 취재해서 넣었군요?
어떤 내용이 있을까요?

 농사를 짓고 나면 땅의 힘(지력)이 떨어져서 휴경이
필요해요. 그러니까 한 해나 두 해 농사를 쉬면서 묵혀서
지력을 높인 뒤에 다시 농사를 지었는데, 땅을 갈고 거름
주는 방법이 발전되면서 해마다 연작(이어짓기)을 할 수
있게 되었어요. 생산량도 부쩍 높아졌겠지요.

 그렇군요. 왜 책으로 만들었을까요?
관리들이 이야기해 줘도 되었을 텐데요.

 그 당시 가장 뛰어난 기술을 기록으로 남기는 것도
중요하지요. 그리고 널리널리 알리고 싶었던 것이
분명합니다. 《농사직설》을 그저 만들기만 한
것이 아니라 전국으로 내려 보냈다는 걸 보면요.

책은 정보를 정리해서 널리 알리기에 아주 좋지요.
지금은 여러 가지 방법이 있지만 그 때에는
유일한 방법이기도 했을 거예요.

 세종 임금 참 멋져요! 책도 많이 만들고요.

 그것보다 중요한 것은 널리 알리려고 했다는 것
아닐까요? 아무리 기술이 발전하고 과학이 발달해도
널리 퍼지지 못하면, 특히나 농사 책인데 농부들이 알지
못하면 소용이 없잖아요.

강연 ❷

화성에서 화학자랑
콩 농사짓기

화성에서 감자 농사짓는
영화를 본 적 있어요.

소설이 원작이죠. 주인공은 마크 아저씨.

식물학자가 주인공인 것도 반가웠고, 화성에서 농사짓는 이야기라서
아주 재미있게 보았어요.

화성에 혼자 남게 된 마크 아저씨가 지구에 돌아오는 것에는
관심이 없었고(주인공이니까 살아올 걸 알잖아요.),
감자 기르는 이야기만 눈에 들어왔죠.
우리도 화성에 가서 농사를 지어봅시다.

화성에 가려면 우주복이 필요하겠죠?

이 책에서 화성 여행에 특별히 준비할 것은 없어요.
사람의 대단한 능력이며 늘 가지고 다니는 '상상력'만 있으면 됩니다.

어쩌다 나 혼자 화성에 남았다…….

기지 안에 산소가 있어서 다행이야.
그런데 먹을거리가 떨어지고 있어.

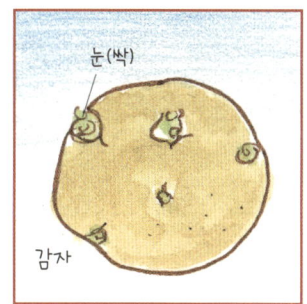

아! 눈이 살아 있는 감자가 있었네.
나는 식물학자. 감자를 길러 보자!

흙은 모았는데……. 물이 문제야. 물이 없어.
식물을 키우려면 물이 꼭 필요한데.

수소와 산소를 모으고
불을 피우면…….

아……. 산소가 많이 나오는 걸
계산 못했네.

실패 뒤에 물을 만드는 방법을 알아냈어.
하지만 물을 만드는 데 시간이 오래 걸리네.

반갑다,
감자 싹!

내 똥으로 농사를 지어 화성에서 살아남았어.
나는 농사를 지을줄 아는 식물학자라서 살아남은 거야!

새로운 환경에서 실험을 해보는 것은
과학자들이 늘 바라는 거예요.
우리는 화성에 가서 무엇을 실험할 거냐고요?
농사를 지어야지요. 우리는 지금부터 농부입니다.
과학자도 어린이들도 새로운 상상을
아주 좋아하지요. 출발!

화성은 태양계에서 사람이 갈 수 있는 확률이 가장 높은 행성이고
지구와 비슷한 것도 있어요.
하지만 없는 것이 더 많지요.
나무도 없고 우물도 없어요.
화성은 지구의 메마르고 붉은 사막과 비슷해요.
산소가 넉넉한 대기층도 없고요.

어서 와, 화성은 처음이지?

화성

■ '화성 실험실'에서 농사를 지으려면 무엇이 필요할까?

 영화에서 이해가 전혀 안된 부분이 있어요.
물을 만들다가 '뻥' 하고 폭발한 장면이요. 왜 폭발한 거지요?

 마크 씨가 식물학자라며 자신 있게 농사짓는 모습을 보며 생각했죠.
물을 만들려고 시도할 때 위험하겠다고요.
제가 화학을 공부했거든요.

 화학자셨군요!

 전공을 했지만 화학자가 되진 못했어요. 하지만 화학은 좀 알죠.

 화학자님, 물 만들기가 그렇게 어렵나요?

 물을 이루는 수소와 산소 분자를 떼었다가 결합을 하려면
큰 힘이 필요해요.

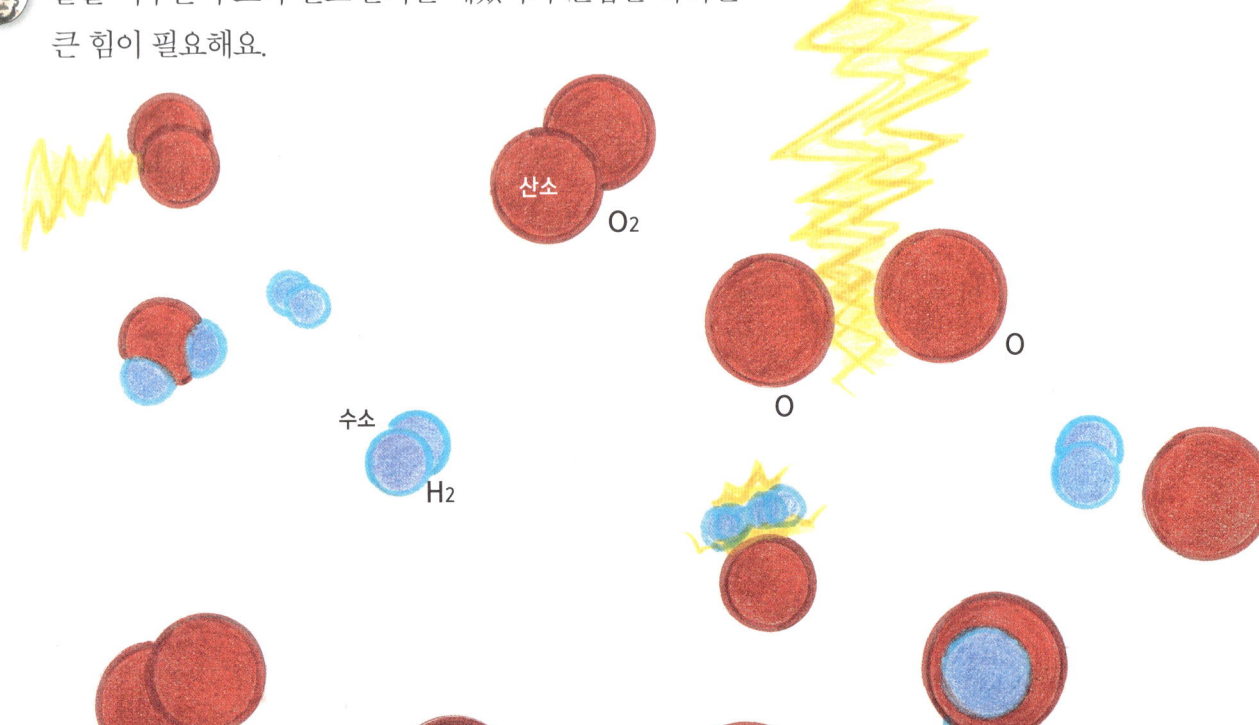

어려워요. 우주의 별은 눈으로 볼 수 있는데……. 작은 원소를 관찰하는 게 더 어려운 것 같아요. 안 보이고 잘 상상이 안 돼요.

 중요한 것은 눈에 잘 보이지 않는 법이죠. 흠흠!

 !!!

 모든 것은 원소로 이루어졌어요. 모든 물질을 잘게 나누면 그 물질이 어떤 원소로 만들어졌는지 알 수 있어요. 자연계를 이해하는 첫걸음이죠. 우리 몸도 지구도 물방울도 마찬가지예요.

 으헉, 더 어렵네요.

 어려운 게 당연합니다. 원소를 기호로 표기해요. 화학 기호라는 이상한 문자와 화학식이라는 이상한 언어를 쓰죠.

 맞아요. 기호랑 식을 보아도 알 수 없어요.

 말에 문자가 있는 거예요. 우리가 말을 할 줄 알아도, 문자를 모르면 못 쓰고 못 읽잖아요. 쓰고 읽을 때에는 'ㄱㄴㄷ, 아야어여'를 알아야죠. 여러분도 ㄱㄴㄷ을 모르던 때가 있었지만, 지금은 이 책도 읽고 있으니 화학도 금세 알 수 있을 거예요.

 어렵지만 여기서 포기할 수 없네요. 우리는 농부니까요. 흡!

 화성에서 화학은 두 가지만 알아봅시다. 물과 거름.

■ 분자를 쪼개서 물 만들기

왜 폭발했는지 물었죠? 좋은 질문이에요. 물을 만드는 데에 폭발이 일어나니까 더욱 놀랍죠. 물은 폭발을 막아줄 것 같은데 말이죠.

물질이 무엇으로 이루어졌는지는 현재 우리는 거의 다 알 수 있어요. 쪼개고 쪼개서 분석을 할 수 있다는 거예요. 하지만 그 반대는 어려워요. 사람을 이루는 원소인 수소, 산소, 탄소, 질소를 한곳에 몰아넣는다고 사람이 뿅 하고 등장하지는 않죠. 원소를 모아서 생명체를 만드는 일은 대부분 불가능해요.

그 어려운 걸 우리가 한번 해 볼까요? 물은 비교적 단순한 분자에요. 수소 원자 2개와 산소 원자 1개로 이루어져 있죠.

먼저 재료를 준비해야겠죠? 요리사처럼!

● 물을 만드는 레시피

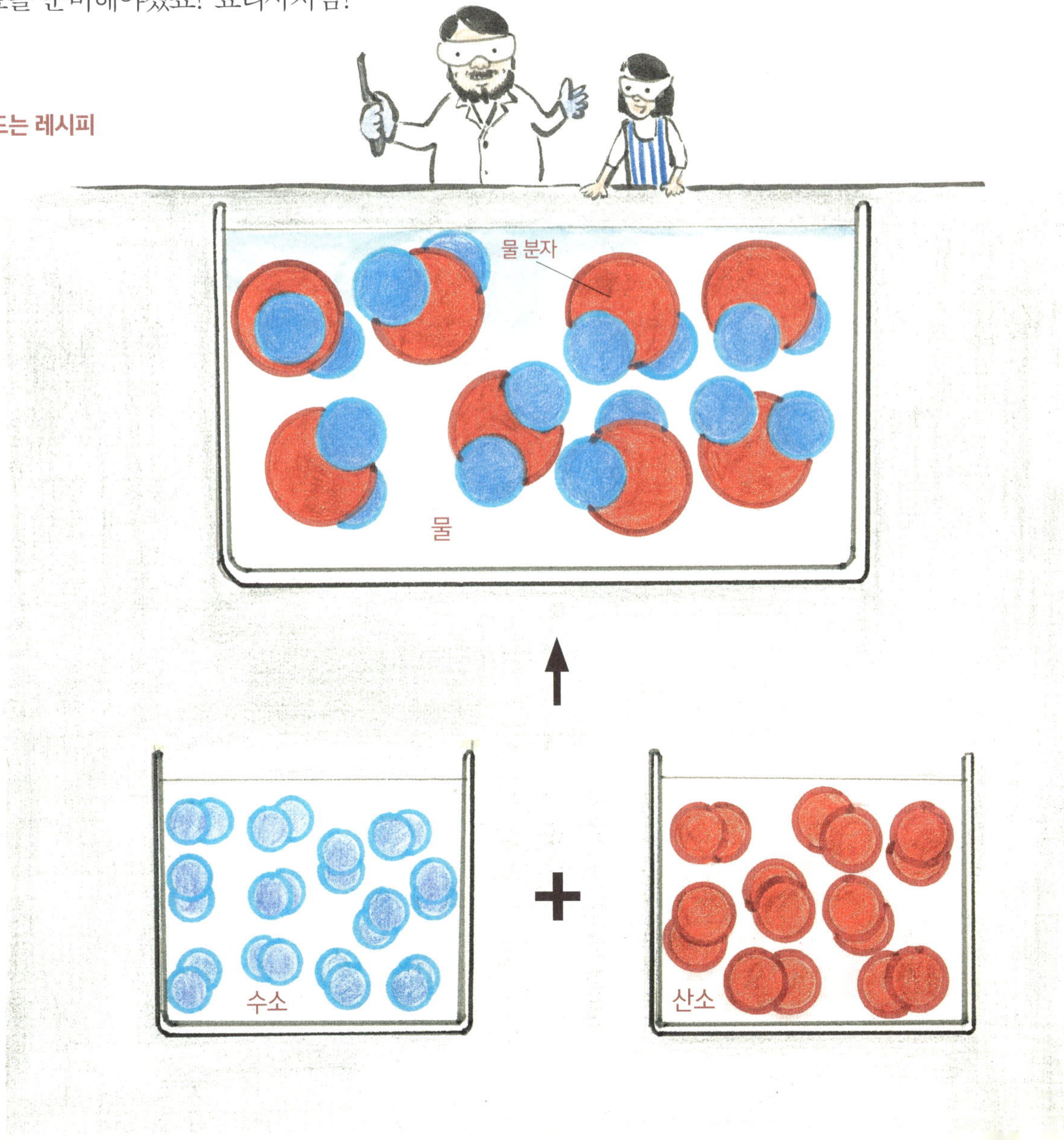

물 분자

물

↑

수소 + 산소

첫 번째 재료. 먼저, 수소를 만들어볼까요?
수소는 우주선 연료로 써요. 강력한 힘을 내는 만큼 폭발 위험도 높아요. 수소는 우주에서 가장 흔한 원소입니다. 가볍고 활동적이지요. 수소는 만나면 자연스럽게 둘이 짝을 이루어요. 실온에서 수소는 H—H 이런 결합으로 있어요. 수소는 두 개씩 짝을 지어 있어야 안정되어요. 혼자 다니는 게 아니에요.

수소(H-H)

그다음 두번째 재료, 산소를 만들어요. 산소는 화성에서 구할 수 있어요. 화성에 많거든요. 산소가 많은 게 아니라, 산소(O_2)의 재료인 이산화탄소(CO_2)가 많아요.

이산화탄소에서 탄소(C)만 떼어내면 되죠. 지구에서 개발한 좋은 기계가 있어요. 병원에서도 쓰는 '산소 발생기'. 기지에 산소 발생기가 있으니까, 이산화탄소를 넣어주면서 기다리기만 하면 되죠.
그런데 시간이 오래 걸려요. 물을 만들려면 아주 많은 양의 산소가 필요하거든요. 어쨌거나 불가능한 것은 아니에요. 산소도 둘씩 짝을 지어야 안정되어요. 그래서 산소도 원자 둘이 붙어 있죠.

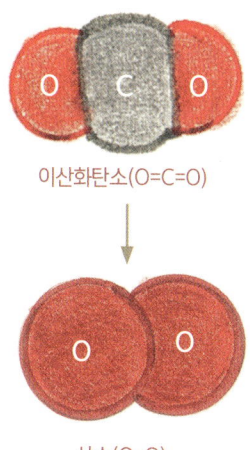
이산화탄소(O=C=O)
산소(O-O)

마지막, 조립하기. 재료가 준비되었다면, 섞으면 되어요.

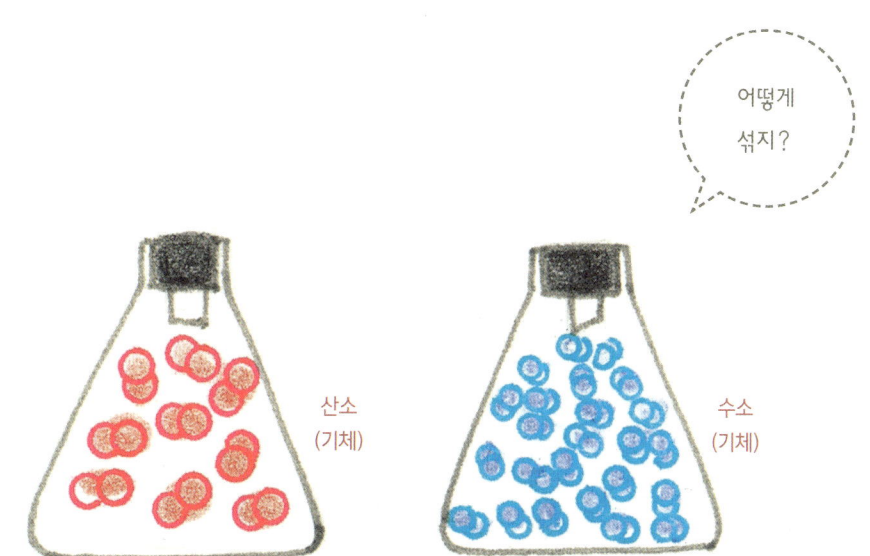

둘이 짝지어 다니는 수소와 산소를 떼어놓으려면(요리를 할 때 재료를 칼로 자르듯이) 힘이 필요해요. 불에 태우면 되지요. 그래서 불이 필요했던 거예요. 영화에서도 불을 피우다가 폭발한 거지요.

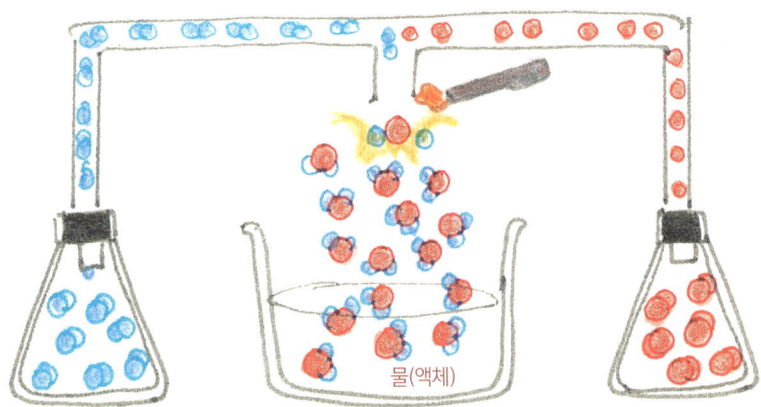

수소와 산소를 섞어서 불태우면 물이 생겨요.

불에 잘 붙는 산소가 너무 많았어요.

 지구가 벌써 그립네요. 지구에서는 물 만드는 실험을 안 해도 되니까요. 물이 많이 있는 행성이 지구죠.

 지금도 화학은 어렵지만 한 가지는 분명하게 알았어요. 화학을 알아도 물을 만드는 것은 절대 쉽지 않다는 거요.

▶ **목숨 걸고 물을 만든 까닭**

수소 두 개랑 산소 하나가 결합되어 물이 된다는 것은 간단한 화학 반응이에요. 하지만, 그 과정은 간단하지 않아요. 사람이 인위적으로 산소와 수소를 모아서 물로 만드는 것은 절대 쉽지 않지요. 폭발할 수도 있다는 걸 봤잖아요.

농사를 짓는 내내 반드시 물이 필요해요. 마크 아저씨가 목숨 걸고 물을 만든 까닭이지요. 싹이 돋을 때에도 반드시 물이 필요하고, 싹이 돋은 뒤에는 더욱 꾸준히 물을 주어야 해요.

물이 없다면, 성장은 멈추어요. 식물과 동물의 살아있는 세포는 물에 의존하고 있어요. 수분이 사라지면 모든 활동은 멈추고, 물이 있어야 살아 움직이지요. 사람도 마찬가지예요.

동물이나 식물을 기를 때에 물이 없이는 아무것도 할 수 없어요. 지구에서 생명이 나타나고 지금처럼 번성할 수 있는 까닭도 지구에 물이 넉넉히 있기 때문이에요.

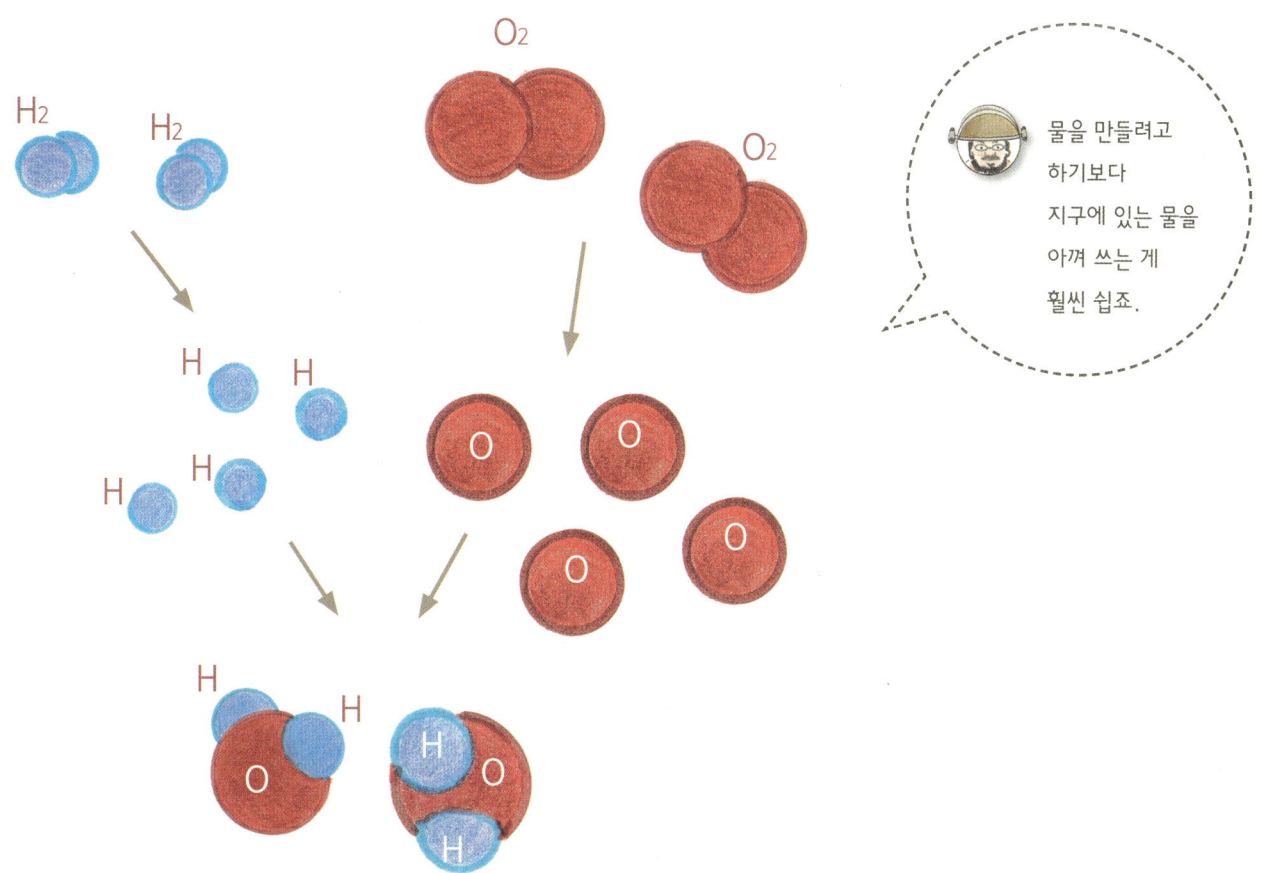

물을 만들려고 하기보다 지구에 있는 물을 아껴 쓰는 게 훨씬 쉽죠.

■ 그다음, 거름이 필요해

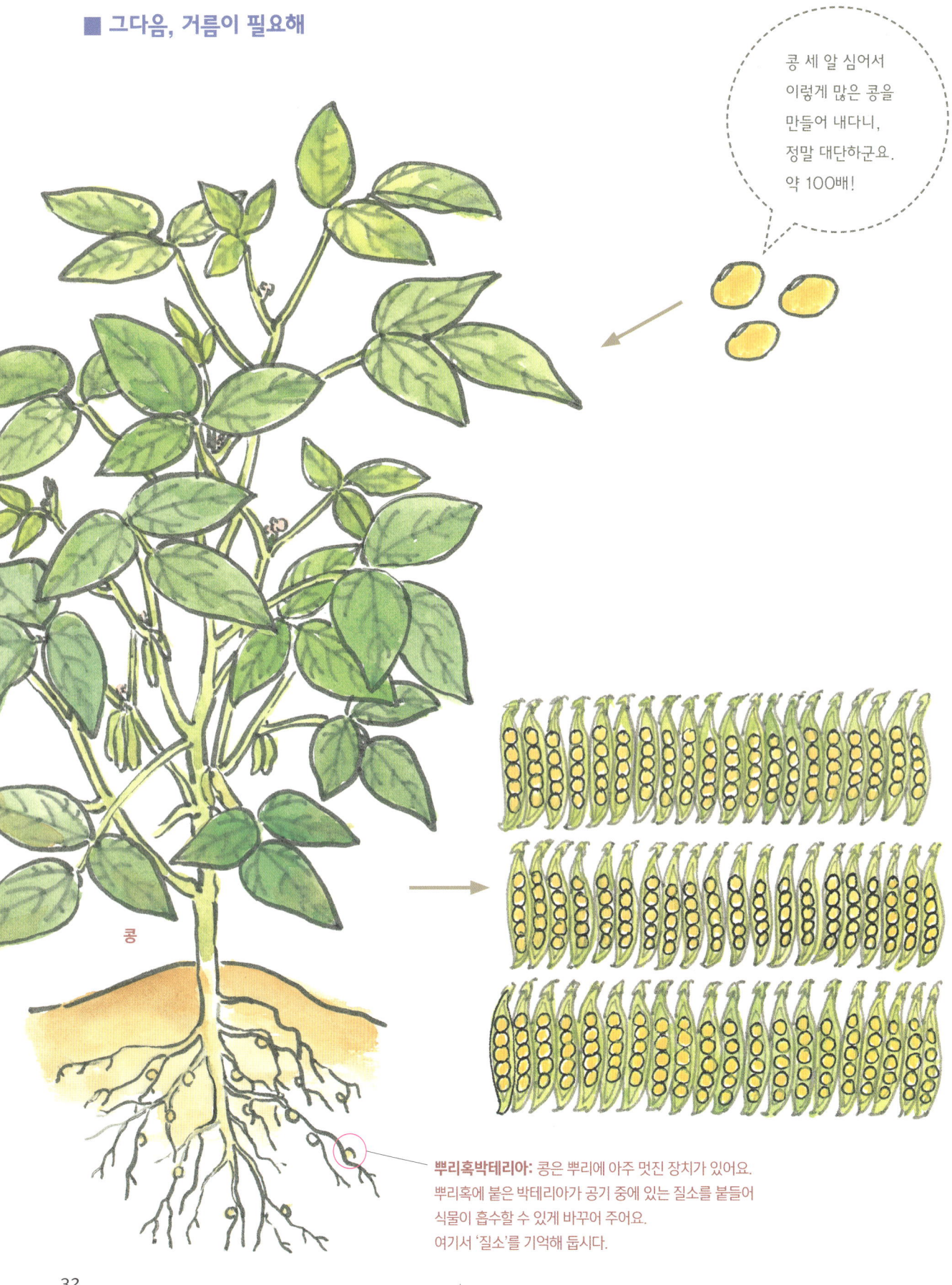

콩 세 알 심어서 이렇게 많은 콩을 만들어 내다니, 정말 대단하군요. 약 100배!

뿌리혹박테리아: 콩은 뿌리에 아주 멋진 장치가 있어요. 뿌리혹에 붙은 박테리아가 공기 중에 있는 질소를 붙들어 식물이 흡수할 수 있게 바꾸어 주어요.
여기서 '질소'를 기억해 둡시다.

진짜 내 전공이 나왔군요. 생화학! '생물의 화학'이죠. 생명 현상을 화학으로 연구하는 학문이에요. 화학 원소를 알게 되고, 생명체들을 분석해 보니 식물들에게 필요한 다양한 원소들이 무엇인지 알게 되었고, 그에 맞는 비료를 만들어내고 있어요.

● 원소 주기율표

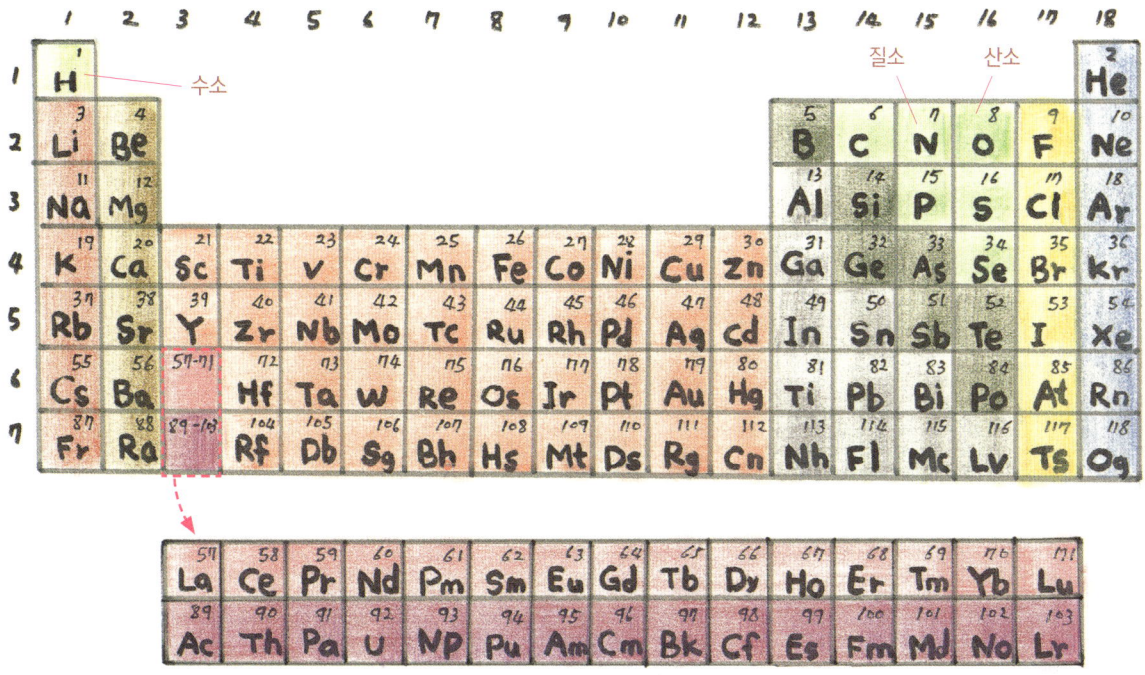

이 가운데에서 콩알의 단백질을 만들려면 반드시 '질소'를 흡수해야 하지요. 그래야 콩알을 알알이 맺을 수 있어요. 질소는 단백질을 이루는 물질이라서 사람도 꼭 먹어야 하는 거예요.

질소도 공기 중에서 원자 2개가 붙어 다녀요.

공기 중에 질소는 아주 많지만 식물이든 동물이든 몸으로 흡수되지는 않아요. 질소도 우선 둘을 떼어야 식물이 흡수할 수 있는데, 서로 당기는 힘이 아주, 몹시, 대단히, 세요. 수소를 분리할 때에는 불을 피웠지만, 질소는 불 가지고는 어림없어요. 번개 정도의 강력한 힘이 있어야 가능하답니다. 그래서 식물이 흡수할 수 있는 질소를 인위적으로 만드는 것은 몹시 어려워요.

과자 봉지에 채워진 공기가 바로 질소예요. 질소는 지구의 공기 중에 가장 많은 (약 78퍼센트) 흔한 물질이지만, 생명체 안으로 들어가는 것은 쉽지 않죠. 호흡으로는 몸에 흡수되지 않아요. 형태가 달라져야 하지요.
질소 거름도 화학자가 만들 수 있냐고요?

화학 비료를 만드는 것은 무기(폭탄), 농약 그리고 사람의 약과도 관련된 기술이에요. 같은 방법으로 무기도 만들 수 있고, 비료도 만들 수 있어요.
원리는 같죠.
선택은 사람들의 몫이에요.

지구 에너지의 1퍼센트를 태워서 비료를 만들고 있어요. 흐르는 강물과 엄청난 공기가 필요해요. 그래서 화학 비료를 만드는 공장은 매우 커요. 비료를 만들려면 에너지가 많이 들지만 계속 만들고 있죠. 바로 농사를 지으려고요! 왜 그럴까요? 지구의 모든 논과 밭에서 최대한 풍년을 이루고 사람들이 모두 조금씩 먹으며 생활할 때 지구의 논과 밭이 먹여 살릴 수 있는 최대 인구는 40억 명이라고 합니다.
그런데 지금 지구의 인구가 몇 명이었지요? 75억 명(2017년 현재)! 40억 명보다 무려 35억 명이 지구에 더 살고 있어요. 현재 지구의 인구 대비 지구 총 식량은 넉넉한 편이에요. 화학 비료 등 농사 기술, 냉동·냉장과 같은 보관 기술이 아니었으면 불가능했을 거예요.

농부는 비료 만드는 일을 오래전부터 해왔어요. 농부는 화학자입니다. '질소(N)'라는 원소는 몰랐겠지만 농부들은 농작물에 반드시 필요한 질소를 만들어서 주었어요. 바로 거름을 만들어서 쓴 거예요.
오랫동안 끊임없이 게다가 아주 열심히 농사를 지어오며 알게 되었을 거예요. 전통적으로 거름을 만드는 방법은 질소가 있는 재료들을 그러모으고, 시간을 두고 박테리아가 발효하기를 기다려서 만드는 것이지요. 농부는 화학자가 확실해요.

● **거름 만드는 방법**

사람들의 똥오줌뿐만 아니라 개나 소와 같은 동물의 똥, 잘게 자른 볏짚과 풀, 아궁이에서 나온 재를 모으고 빗물이 들어가지 않게 덮개를 덮어요. 집집마다 그리고 밭 옆에 거름을 만드는 두엄자리가 있었어요.
거름 만들기도 농사처럼 기술이 필요하고, 정성을 다해야 좋은 거름이 만들어져요.

1800년대 우리나라를 비롯한 동아시아의 나라들은 유럽보다 5~10배 더 수확했대요. 가장 큰 비결을 거름으로 보기도 하지요. 좁은 땅을 효율적으로 썼고, 좋은 씨앗을 서로 나누었으며, 거름을 하는 데에 아주 열심이었지요.
우리말에는 '밑거름', '웃거름'이라는 말도 있어요. 말의 문화는 생활을 보여주지요. 요즘에도 농부들은 밑거름, 웃거름을 열심히 주며 작물을 키워요.

● **밑거름과 웃거름**

- **밑거름:** 씨를 뿌리거나 모종하기 전에 주는 거름
- **웃거름:** 씨앗을 뿌린 뒤나 모종을 옮겨 심은 뒤에 주는 거름

● **거름에 들어있는 원소**

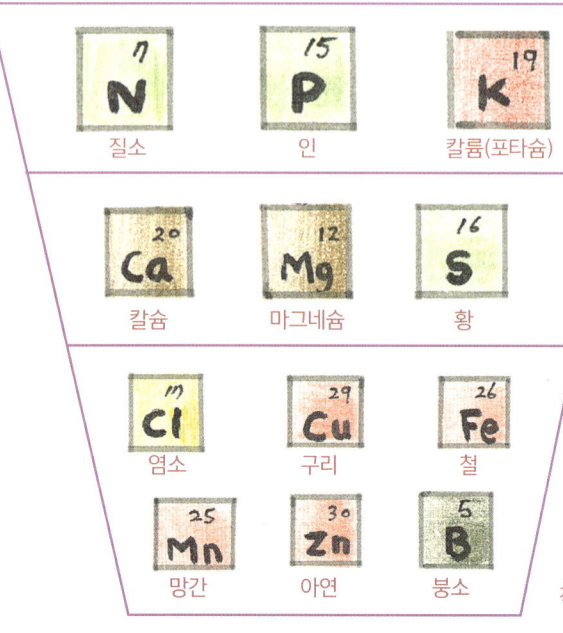

우리나라 밭에서 가장 많이 심는 고추 농사도 밑거름을 잘 줘야지. 유기질 비료를 넉넉하게! 웃거름으로 질소를 너무 많이 주면 늘어지고 자빠지고 오히려 병에 잘 걸려. 모종하고 나서, 또 꽃이 피거나 열매가 맺기 시작하면 웃거름을 알맞게 주지.

유기질 비료든 화학 비료든 많이 준다고 좋은 게 아니야. 과식은 안 좋아. 필요한 때에 알맞게 주어야 해. 작물마다 땅마다 필요한 거름이 다르고.

화성에는 우리의 똥 말고는 거름을 만들 재료가 없네요. 다행히 우리가 심은 콩은 뿌리에 뿌리혹박테리아가 있어서 질소를 흡수할 수 있게 해줄 겁니다.

농사에는 날씨나 환경에 대한
아주 오랜 경험과
씨앗을 심고 물과 거름을 주는 등
식물에 대한 다양한 지식이 필요해요.
지금까지 알아본 것은 농사 중에서
아주 일부에 불과해요.
처음 농사를 짓던 농부들도
화성에 온 우리처럼
조금씩 알아갔을 거예요.

■ 화학자도 못 만드는 것, 씨앗!

애써 만든 물도 거름도 '이것'을 틔우기 위한 거죠. 바로 씨앗(종자)을 키우기 위한 준비예요. 씨앗은 반드시 지구에서 가져와야 해요. 화성에서는 못 만드니까요.

씨앗을 만들 수도 없고, 씨앗을 대체할 것은 없어요. 화학 비료는 있지만, 화학 씨앗은 아직 없어요. 인간이 흉내 내지 못하는 것은 신비한 영역으로 두기도 하지만 과학자는 알려고 노력하는 사람이에요. 아는 것과 모르는 것을 구별하는 것도 중요하고요. 아는 것만 이야기해 봅시다.

● 씨앗의 장점

여러분 부엌에서 씨앗을 찾아보세요. 다 있죠. 우선, 쌀. 만약 잡곡밥을 먹는다면, 조, 수수, 귀리, 여러 가지 콩 등 굉장히 많은 씨앗을 가지고 있겠군요.
과일도 모두 씨앗을 담아둔 그릇이고요, 고추, 가지 같은 열매채소도 모두 씨앗이 들어있어요.
공원에 가면 풀과 나무의 열매도 많아요.
모든 식물은 씨앗에 가장 좋은 영양분을 밀도 있게 채우고 있어요.
또 보관도 잘 해 두었죠. 콩의 경우 아주 얇은 껍질이지만 딴딴하게 보호하고 있고, 벼 껍질도 벗기기 쉽지 않아요. 사과를 보세요.
씨앗 주위로 껍질이 몇 겹 싸고 있어요.
씨앗 입장에서 생각해 보세요. 아주 든든하죠.
먹을 것도 충분히 채워져 있고,
방패도 튼튼해요.

보호막이 튼튼해.

먹을 것이 채워져 있어.

널리 퍼지기에 알맞게 생겼어.

물기를 말려두면 씨앗은 아주 오랫동안 보관할 수 있어요. 변함이 없고 상하지 않기 때문에 화성에도 들고 갈 수가 있죠.
그러다 물을 만나고 온도와 날씨 등 싹을 틔울 조건이 맞으면 알아서 자라기 시작하는데, 말릴 수 없을 만큼 잘 자라요. 첫 번째 뿌리와 첫 번째 잎(떡잎이라고 하죠.)은 씨앗의 양분만으로 스스로 자라지요.
싹을 틔운 뒤, 우리가 앞서 준비한 물과 거름이 많이 필요한 거예요. 쑥쑥 성장하면서 물과 거름을 쉼 없이 빨아들이죠.

● 씨앗 식물과 포자식물

과학자가 콩으로 새로운 사실을 알아낸 유명한 이야기가 있죠? 식물학자 멘델이 완두콩으로 유전학을 알아냈죠. 그 실험 방법은 농부들이 해오던 재배 방법을 그대로 따랐어요. 과학자는 농부처럼 콩을 기르면서 자연의 작동 방식을 이해하려고 한 것이지요.

생명 현상을 과학적으로 밝혀내면 신비함이 사라질까요? 알수록 더욱 신기해요. 새로운 사실을 알게 되면, 새로운 생각을 할 수 있어요.

그 씨앗을 심으면 똑같은 작물이 자라나지요. 콩 심은 데 콩 나고, 팥 심은 데 팥 난다! 이건 화성에서 생각해 보면 더욱 대단한 능력이에요. 실제로 우주정거장에서 실험도 했어요. 씨앗을 우주 공간에 내놓았다가 그 뒤 씨앗을 심었는데도 싹이 돋았죠. 사람처럼 우주복을 입을 필요도 없고, 우주의 특별한 공간에서 파괴되지도 않았으니, 대단한 씨앗이에요.

내가 사는 소행성의 장미도 씨앗이 날아와서 스스로 자랐어.

농사는 씨앗을 가꾸고 거두고 다시 심는 일이고, 농부는 씨앗을 이어가는 사람들이랍니다. 농부들은 씨앗을 참 귀하게 여기죠. 그러면서도 공유해요. 멘델의 '우성의 법칙'을 몰랐어도 농부들은 튼튼한 씨앗을 골라서 해마다 계속 심어왔어요.

1만 년 전 시작되어 농사는 지구에서 하루도 멈춘 적이 없어요. 앞으로도 마찬가지일 거예요. 과학이 발전을 하면 농사를 짓지 않아도, 즉 먹지 않아도 살 수 있을지 모른다는 상상을 하지요. 과연 그럴 수 있을까요? 앞으로도 농사는 멈추지 않고 꾸준히 오랫동안 계속될 것이고 내 생각에는 오히려 더욱 중요하고 가치 있는 일이 될 게 분명합니다.

화성을 사람이 살 수 있는 지구처럼 만들려고 할수록, 지구처럼 만들기 위해 지구를 자세히 관찰할수록, 흉내 내기 쉽지 않다는 걸 알게 되어요. 미생물까지 들여다보면 더욱 신비하고요. 지구는 46억 년 동안 만들어진 거예요. 하루아침에 흉내 낼 수 없어요.

생태계를 공부할수록 생태계에서 중요하지 않은 것이 없죠. 생명은 흙과 공기와 같은 무생물의 도움을 받고 무생물들은 생물들 때문에 가치가 생겼어요. 생태계는 다양성이 유지될 때 건강해요. 이런 사실을 알게 된 뒤 농사도 단일 작물보다 다양한 작물을 심으려 농부들은 노력하죠. 씨앗은 대개 동그랗고 예뻐요. 종마다 서로 다르고요. 우리나라의 토종 씨앗에 관심도 높아지고 있어요. 세계인이 힘을 합해 씨앗을 보관하기도 해요. 중요한 씨앗들이 멸종할 위험에 대비해 씨앗을 보관하는 거예요.

지구로 돌아갈 시간이에요. 공기와 물과 기름진 흙이 있는 지구로 갑시다.

화성

언젠가 사람들은 화성에 진짜 가게 되겠죠. 화성에서도 농업은 가장 중요한 일이 될 거예요.

태양

농사짓는 행성 지구

지구

달

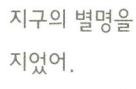

지구의 별명을
지었어.

 ## 원소와 화학 그리고 광합성

 그나저나, 왜 하필 마크 아저씨는 화성에 갔을까요? 다른 행성도 있는데요.

 하루가 24.66시간으로 자전 속도도 지구와 비슷하고, 중력도 비슷하고 사계절도 있어요. 태양계에 있는 행성 가운데에 사람이 적응하기 가장 알맞아요. 그리고 지구와 가깝지요.

 우주여행 하면 어릴 때 보던 공상 과학 영화가 생각나요.

 '공상'은 실현될 가능성이 아주 적다는 거지요.

 우주여행은 상상 속에서나 가능하지만 아주 재미난 이야기였어요.

이제 우주여행은 공상이 아니에요. 우주로 나가는 일은 현재 진행되고 있어요. 여러 나라에서도 연구하고 있고 무척 발전했지요. 예전에는 우주 탐사선이 지나가며 태양계의 행성 사진을 찍어 보내주었고요. 이것만으로도 놀라웠는데, 요즘에는 우주선이 태양계의 한 행성에 착륙해서 일하고 있어요. 바로 화성입니다.

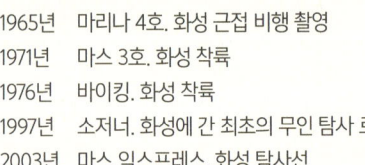

1965년 마리나 4호. 화성 근접 비행 촬영
1971년 마스 3호. 화성 착륙
1976년 바이킹. 화성 착륙
1997년 소저너. 화성에 간 최초의 무인 탐사 로봇
2003년 마스 익스프레스. 화성 탐사선

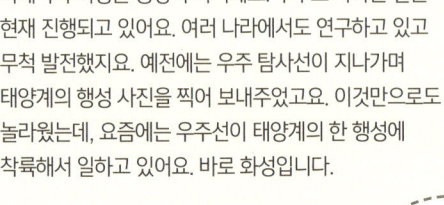

지금 화성에 있어요.

2012년 화성에 간 무인 탐사 로봇 큐리오시티.

 탐사 로봇이 자동차처럼 다니면서 아주 정밀한 화성의 지표면 사진을 지구로 보내주고 있어요. 이제 사람이 직접 가는 일만 남았어요. 사람이 탄 우주선은 아마도 20~30년 뒤면 갈 수 있을 거라고 과학자들이 말해요.

 지금도 사람이 탄 우주선이 화성에 갈 수는 있겠네요?

 네. 갈 수는 있지만 돌아오는 방법이 아직 없어요. 지구로 돌아오는 기술을 연구하고 있어요.

그나저나 천문학은 인기가 좋아요. 그런데 화학은 부정적으로 느끼는 경우가 많죠.

 화학은 그러니까, "나는 누구인가? 우주는 어떻게 생겼나? 생명과 무생물은 무엇으로 이루어졌나?" 하는 질문에 답을 찾는 거예요. 학문이 시작된 이후 계속된 관심을 해결하는 과정이지요.
현재, 지구인들은 아래와 같은 멋진 주기율표를 가지고 있어요.

주기율표는 성질이 비슷한 원소들을 줄지어 놓은 표예요.
세로로 놓은 원소들끼리 성질이 비슷하지요.
원자 번호가 작을수록 가볍고요.
가벼운 원소부터 생겼어요.
생일이 빠른 순서라고 할 수 있어요.
수소(H)가 가장 앞에 있어요.

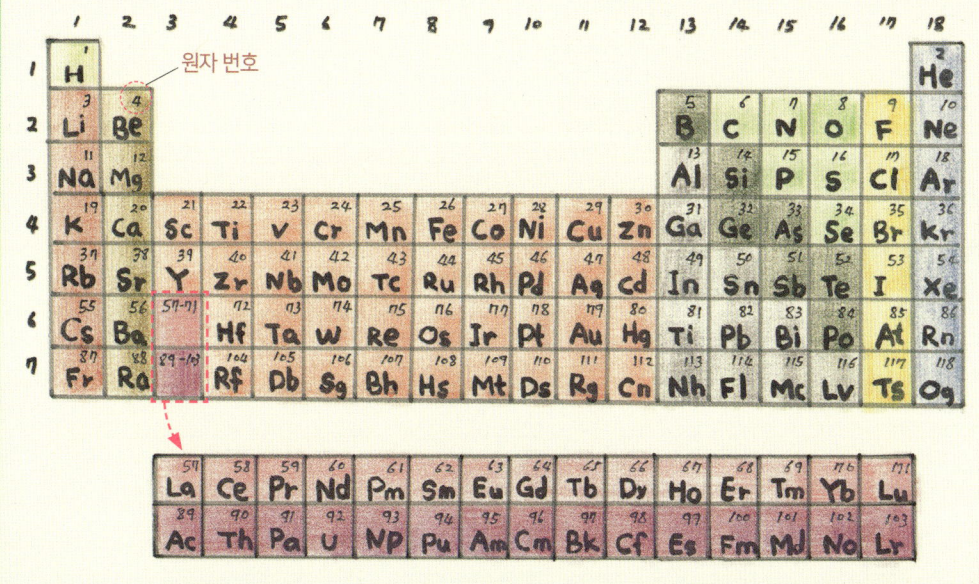

 으아, 어려워요.

 원소는 모든 것이에요! 지구와 우주, 생명이 주기율표에 모두 들어있죠. 간결하고 아름답지 않은가요?

 다 외워야 하나요?

 지금은 외우지 않아도 돼요. 나중에 교과서에서 배우게 되면 그땐 외워 두세요. 화학 공부가 쉬워질 거예요.

우리 몸의 90퍼센트는 수소, 탄소, 산소입니다.
이 세 가지를 지구에서 얻기는 어렵지 않아요.
밥을 잘 챙겨먹고, 쉬지 않고 숨을 쉬면 되지요.

사람을 이루는 원자를 '질량'으로 보면?

이번에는 사람을 원자 '수'로 볼까요?

N 질소 3% 나머지 3~4%
H 수소 10%
C 탄소 18%
O 산소 65%

나머지 2~3%
탄소 10%
산소 25%
수소 63%

화학자가 알아낸 거예요. 흠흠!
우주 탐사선이 화성에 도착한 것만큼이나 놀라운 일이죠.
우주여행만큼 재밌지 않나요?

동양에서는 모든 만물에 음, 양 두 가지 기운이 작용한다고 생각했고, 고대 그리스의 철학자 엠페도클레스는 세상의 모든 만물은 바람·불·물·흙 등 4개의 원소로 이루어졌다고 했지요.

이 세계가 어떻게 생겼는지, 우주는 무엇으로 이루어졌는지는 모든 인간의 오랜 관심사죠.
지금 현재 우리는 이 세계가 무엇으로 이루어졌는지 거의 밝혔어요. 그게 바로 주기율표에 담겼어요.

현재 알려진 118종 가운데,
지구의 자연에는 92종의 원소가 있어요.
사람은 원소 25종으로 이루어져 있고요.

뭐라고?
지구의 자연에만 원소가 92종이나 된다고?

고대 철학자
엠페도클레스

화학에 대한 놀라움과 두려움이 공존하는 거 같아요.

 화학자로서 어린이들과 모든 어른들에게 화학을 알려주고 싶죠. 그 시작이 농업이 되고 거름처럼 과학 공부의 기본이 되길 바란답니다.

그나저나, 다음 원고는 안 자르면 안돼요? 꼭 알려주고 싶은데.

 어떤... 거죠?

 화학에선 이거부터 배워야 해요! 바로 식물의 광합성. 화학자의 눈에 식물의 광합성은 이렇게 보이지요.

광합성 $6CO_2 + 6H_2O \longrightarrow C_6H_{12}O_6 + 6O_2$
이산화탄소 물 포도당 산소

호흡 $C_6H_{12}O_6 + 6O_2 \longrightarrow 6CO_2 + 6H_2O$
포도당 산소 이산화탄소 물

 안 돼요. 쉽게 설명해 주세요.

 (화학식으로 보면 쉬운데…….) 그럼 그림으로 보여드릴게요.

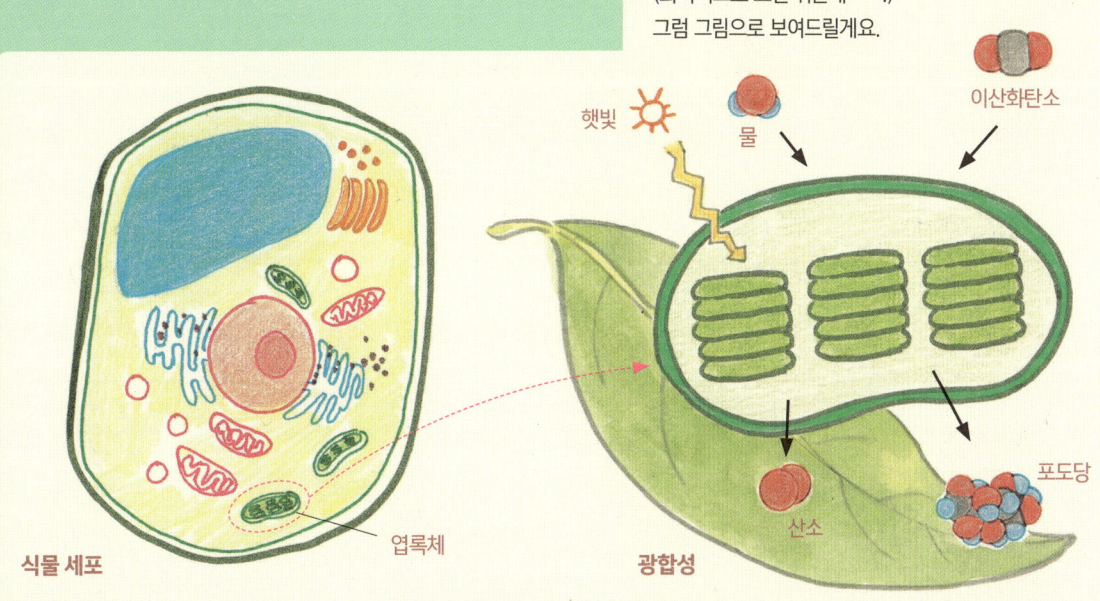

 생명의 화학을 공부하면서 가장 재미있었던 것은 생명이란 그저 신비롭고 원칙이 없을 것 같았는데, 공부를 하다 보니 생명 현상에는 분명한 원리가 작동하고 있었어요.

 알수록 대단한 능력이네요!

우리 사람의 몸은, 뿐만 아니라 모든 살아 있는 동물들은 대부분, 탄소(C)로 이루어져 있어요. 탄소는 조립을 아주 잘하거든요. 우리 몸을 봐요. 각 기관마다 서로 다른 대단히 다양한 모양이에요.
탄소가 주로 형태를 만드는 역할을 하지요. 탄소도 우리가 먹는 것으로 몸에 계속 보충이 되어요.
몸속 에너지를 움직이는 연료는 포도당(탄소, 수소, 산소)이에요.
이 포도당 1개는 화학자의 눈에는 이렇게 보여요.

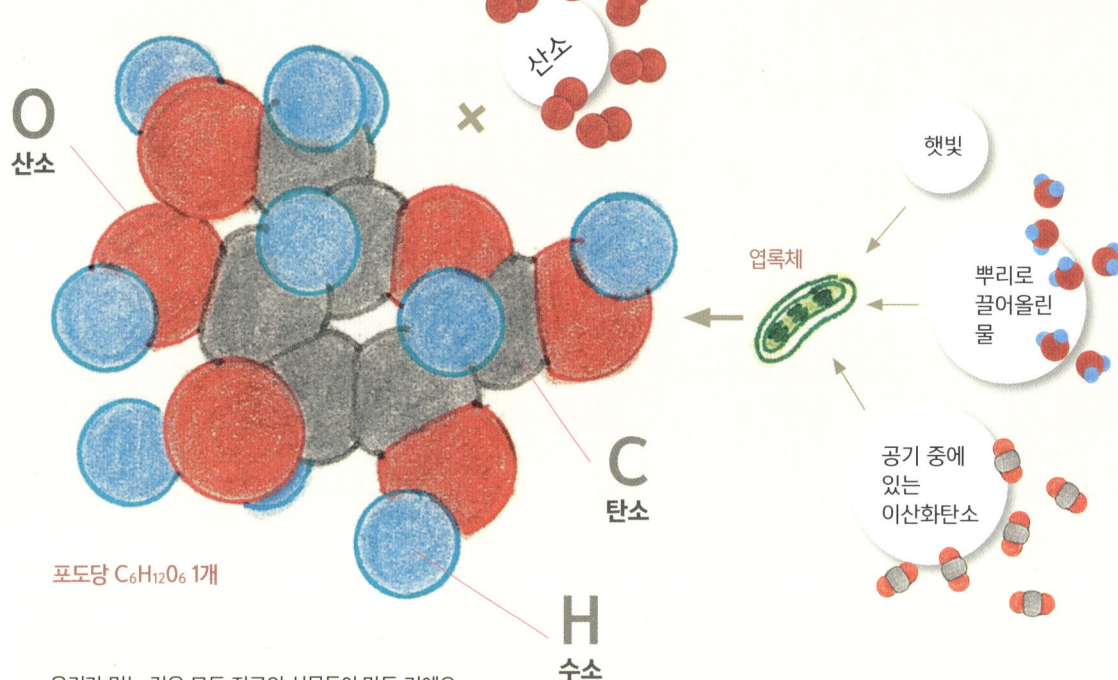

식물에게는 노폐물인 산소. 식물은 광합성을 하면서 생긴 산소를 밖으로 내보내요.

포도당 $C_6H_{12}O_6$ 1개

O 산소
C 탄소
H 수소

우리가 먹는 것은 모두 지구의 식물들이 만든 거예요.
쌀밥도 대부분 포도당으로 이루어져 있어요.
자, 밥은 어디서 왔을까요? 정리!

누가: 식물(엽록체)이
언제: (대체로) 햇살이 비치는 낮에
어디서: 식물의 잎 세포에 있는 엽록체에서
무엇을: 이산화탄소와 물을 섞어서
어떻게: 햇볕의 힘(태양 에너지)을 받아서
왜: 스스로 먹을 것을 만드느라

그중 인류가 40퍼센트를 소비하고 있다니 많이 먹고 있군요. 그런데도 광합성을 모른다면 안 되겠지요?

식물이 햇빛 에너지로 만든 포도당은 결국 지구 모든 동물의 먹이가 되는 거군요.

어렵긴 하지만, 저도 자연에 대해 공부하면서
가장 신비했던 것이 식물들의 '광합성'이었어요.

그렇죠! 식물의 광합성은 여전히 인간이 흉내를 내지
못하고 있습니다.

다시 생각해 봐도 언제 떠올려 보아도 신기해요.
물과 이산화탄소가 햇빛의 힘으로 녹말로 바뀌다니!
식물의 잎에 있는 푸른 엽록체에서 소리도 없이
거대한 공장도 없이 말이에요.

현재 지구에서 광합성은 식물들만이 할 줄 알아요.
대신 사람들은 식물을 재배하는 기술을
오래전부터 발전시켰죠.
그것이 바로 '농사'입니다.

강연 3

오늘부터 농부
콩나물 기르기

여러분은 콩나물을 먹어 보았나요? 콩이 들어간 음식을 먹어 보았나요?
다른 질문을 해볼게요.
혹시 콩나물을 길러 보았나요? 콩을 심어 본 적이 있나요?

콩나물이나 콩과 같은 채소나 곡식을 기르는 것이
농사입니다.
지금 당장이라도 내 방에서 농사를 지어볼 수 있어요.
콩알과 그릇 몇 개면 충분하지요.

우리 지금부터 농부가 되어봅시다.
농사는 책만으로 배울 수 있는 게 아니죠.
손으로 배우고 몸으로 익혀야 하는 것입니다.

농사를 알고 농부의 일에 관심을 갖게 되면,
놀라운 일을 경험할 수 있어요.

> 농사를 함께 경험해 봅시다.
> 생명 현상에는 분명한 원리가
> 작동하고 있어요.
> 어느 순간에는 말릴 수 없을 만큼
> 잘 자라지요.

▶ 콩나물을 기르려면

준비물이 필요해요.

지우개
연필
자
사진기
해콩
콩나물시루

해콩, 콩나물시루, 연필, 지우개, 자, 수첩, 사진기 등을 미리 준비해 둡시다.

마음의 준비도 필요해요.

세심한 관찰력, 배우려는 의지, 풍부한 상상력, 재미난 유머 감각, 기록을 남기려는 집요함

그리고 기다리는 마음. (있으면 좋고, 없다면 콩나물을 기르면서 마음도 길러질 거예요.)

함께 길러요.

함께 사는 가족이나 친구들에게 기르기 전에 미리 알려요.

검은 천에 쌓인 신기한 것이 무엇인지

가족들에게 미리 말해 두세요.

그리고

가끔 어른들의 도움이 필요할 거예요.

그릇을 쓰려면 허락을 맡아야 하거나

집을 비울 때에는 물을 주는 일을 부탁할 수도 있어요.

시루가 깨지는 그릇이라면 반드시 조심하고요.

콩나물에 물을 줄 때에는 물을 쏟지 않게 조심해요.

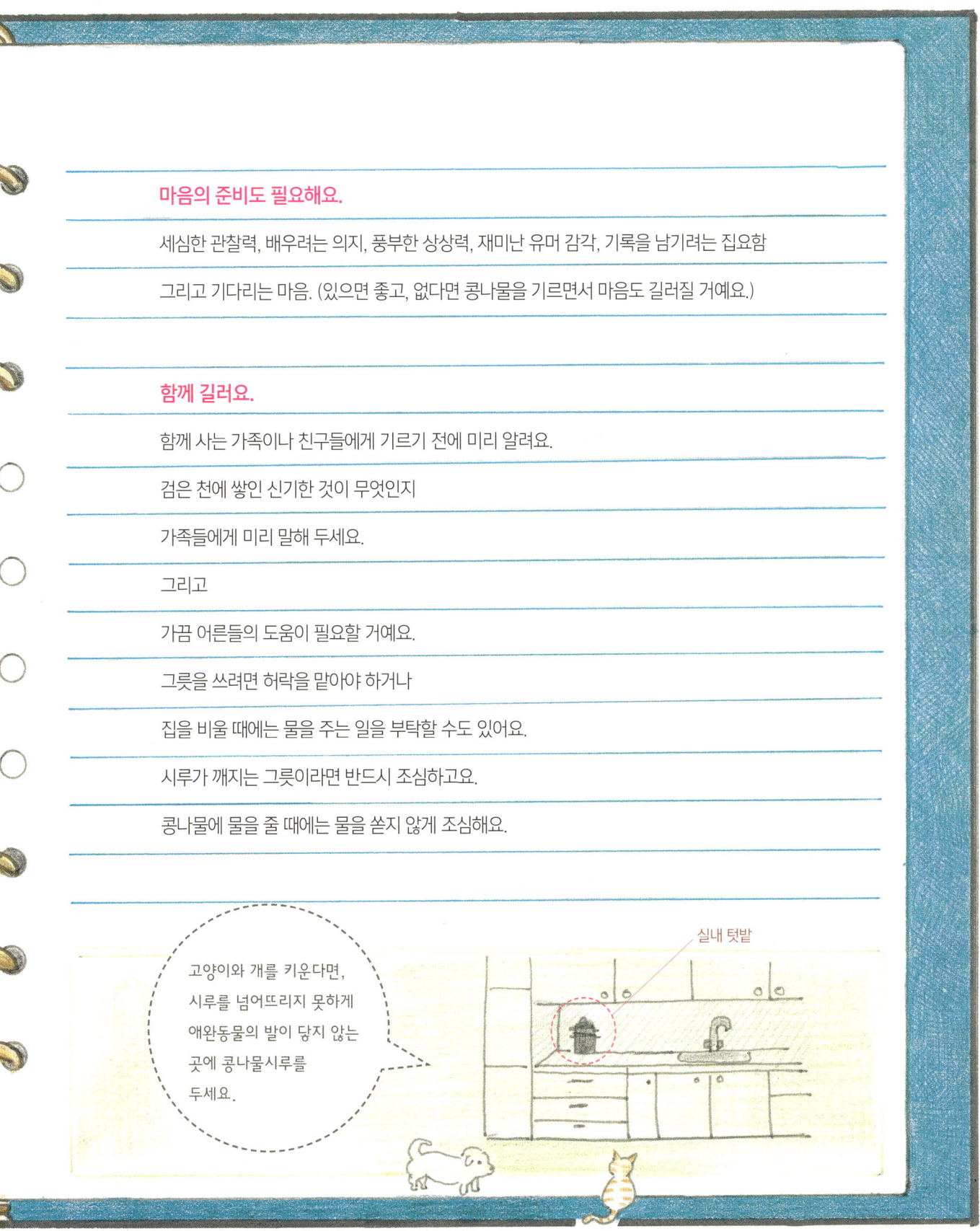

고양이와 개를 키운다면, 시루를 넘어뜨리지 못하게 애완동물의 발이 닿지 않는 곳에 콩나물시루를 두세요.

실내 텃밭

꼼꼼한 친구들을 위한
체크리스트 (기르면서 확인해 보세요!)

- ☐ 콩과 콩나물시루를 준비했나요?
- ☐ 콩나물콩을 해콩으로 준비했나요? 농부들께 직접 구해도 좋고요.
- ☐ 콩나물시루는 57, 59쪽을 참고해서 만들어요.
- ☐ 5~7일 동안 날마다 물을 줄 수 있을 때에 시작해요.(※하루라도 물을 주지 않으면 예쁘게 키우기 어려워요. 1주일이면 콩나물은 다 자라요.)
- ☐ 날마다 물을 주었나요? 하루 동안 4~5번 물을 듬뿍 주어야 합니다. 다행히 물만 주면 되어요. 흙도 거름도 필요 없고요.
- ☐ 콩나물은 어두운 곳에서 잘 자라요. 햇빛이 들지 않는 장소에 시루를 두었나요?
- ☐ 콩나물시루에 물을 부으면 곧바로 쪼로로로 물이 떨어지는 소리가 나면서 물이 고여 있지 않고 빠져 나가야 해요. (※시루에 물이 고여 있으면 콩나물은 썩고 말아요.)
- ☐ 따뜻한 온실이 필요하진 않을까요? 겨울에 방안의 온도 정도면 충분히 잘 자랍니다. (※오히려 너무 더우면 썩어요.)
- ☐ 한여름에 기를 때에는 선선한 곳에서 길러야 합니다. 공기도 잘 통해야 썩지 않고 잘 자라요.

> "자연 현상을 관찰하려고 굳이 먼 나라로 여행할 필요는 없다. 중요한 것은 얼마나 멀리 갔는가가 아니라 얼마나 깨어있는가이다."

(8쪽의 정답)

무엇을 그린 걸까?
겉모습이야.

속을 그렸어.
콩나물 밭이야.

콩나물시루

■ 내 방에서 농사짓기 준비

겨울이면, 윗목에 콩나물시루가 놓였어요. 널따란 물받이 그릇이 바닥에 놓였고, 'Y' 자 모양의 쳇다리를 걸친 다음, 그 위에 검은 보자기에 싸인 시루가 놓인 모양이에요. 보이지 않아도 시루 안에 콩(콩나물콩)이 있을 거란 걸 잘 알고 있었지요. 겨울마다 길렀으니까요.

콩나물시루에서 물이 떨어지는 소리를 듣는 것은 자려고 누웠을 때입니다. 자기 전에 엄마가 시루 안에 촤르르촤르르 물을 골고루 뿌리고 누우면, 콩나물시루 바닥의 구멍에서 떨어진 물이 물그릇에 떨어지는 소리가 똑똑똑 조용한 겨울밤에 자장가처럼 들렸어요.

겨울에 윗목은 콩나물을 기르기 알맞은 온도와 장소였어요.

- **윗목:** 온돌방에서 아궁이로부터 먼 쪽의 방바닥. 불길이 잘 닿지 않아 아랫목보다 차가움
- **아랫목:** 온돌방에서 아궁이 가까운 쪽의 방바닥. 윗목보다 따뜻함

- **콩나물시루:** 흙으로 구워서 만든 그릇이에요. 바닥에 구멍이 있어요. 물이 고이지 않고 조르륵 빠져야 합니다. 구멍이 큰 시루 바닥에는 볏짚을 깔았어요. 콩알이 빠져나가지 않고 알맞은 습도를 유지해 줘요.

- **덮개:** 빛이 통하지 않는 두꺼운 천으로 폭 덮어요. 빛이 통하는 얇은 천은 안 돼요. 공기가 통하지 않는 비닐도 안 되고요.

- **쳇다리:** 물그릇 위에 걸치고 시루를 올리는 받침대예요.

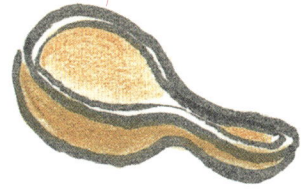

- **작은 물그릇:** 콩나물시루를 통과한 물을 다시 줄 때 써요. 시루를 통과한 물을 서너 번 다시 써도 되어요.

- **물그릇:** 콩나물시루에 준 물이 흘러내려 담기는 넓은 그릇입니다.

| 준비 ❶ 밭 만들기 |

현재 내 방은 솔직하게 말하면 아주 복잡해요. 두 벽면은 책으로 둘러싸여 있고, 한쪽에는 책상과 침대가 있으며, 또 한쪽은 간단한 음식을 할 수 있는 작은 부엌이 있거든요. 책이나 살림은 맘먹고 치우지 않으면 계속 늘어나요. 왜 그런지는 잘 모르겠어요. 잡목과 풀이 우거진 숲 같아요. 하지만 냄비 하나 놓을 자리만 있으면 콩나물 농사를 지을 수 있어요.

시루를 놓는 곳이 어디든 그곳은 이제부터 콩나물 '밭'입니다. 씨앗이 자랄 곳이지요. 그리고 다행히 우리 방에는 어디나 산소가 숨 쉴 만큼 가득해요. 우주복을 입을 필요도 없어요. 물은 수돗물이나 우물물을 쓰면 되고요. 화성보다 훨씬 쉽게 농사를 지을 수 있어요.

농부 아빠, 엄마께 여쭙고 과학자께 배우며 제가 한번 길러 보겠습니다!

시루는 바닥에 구멍이 여러 개죠? 부엌에서 아주 알맞은 그릇을 찾아냈어요. 바로 찜기!

여기에 불린 콩을 넣을 거예요.

국수를 삶는 냄비도 좋아요. 평범한 찜기나 냄비가 이제부터 씨앗을 기르는 밭이 될 거예요.

콩알이 빠지지 않고 물은 잘 쏟아내는 성긴 망사로 병의 입구를 막아요.

햇빛이 닿지 않게 검은 천을 씌우거나 싱크대 아래 칸에 넣어 두어도 되지요.

재활용 유리병

뚜껑을 덮어야 빛이 들어가지 않아요.

주전자 안에 물을 듬뿍 준 뒤에, 이곳 주둥이로 물을 따라 내요.

낡은 주전자

● **콩나물시루를 만드는 여러 가지 방법**
흙으로 만든 시루가 없어도 기를 수 있어요.

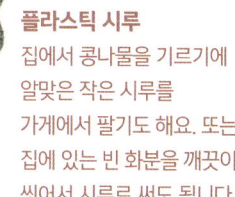

시루 안은 언제나 촉촉하게, 하지만 콩나물이 물에 잠겨 있지 않도록!

플라스틱 시루
집에서 콩나물을 기르기에 알맞은 작은 시루를 가게에서 팔기도 해요. 또는 집에 있는 빈 화분을 깨끗이 씻어서 시루로 써도 됩니다.

콩나물시루 준비가 다 되었나요?
그리고 마음의 준비(53쪽 참조)도 되었으면,
오늘부터 여러분은 밭을 일군 농부가 되었습니다.

● **콩나물이 아니더라도, 방에서 키울 수 있는 다른 식물들**

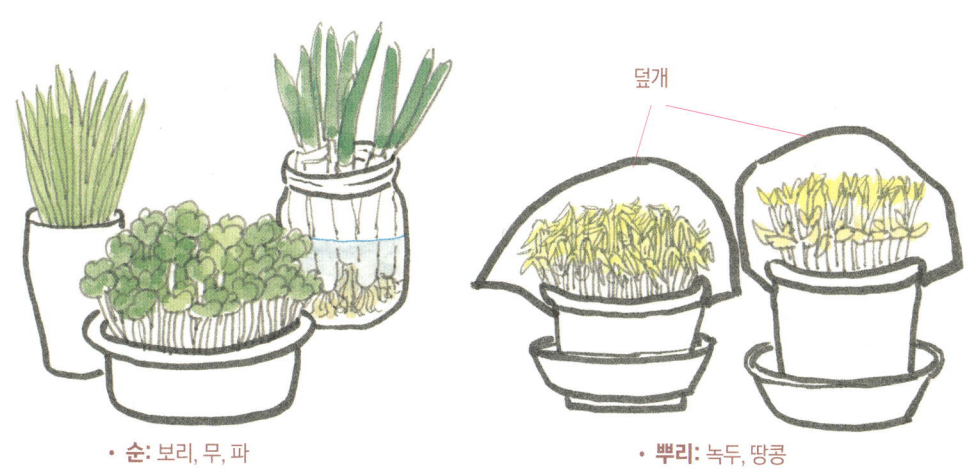

덮개

- **순**: 보리, 무, 파
- **뿌리**: 녹두, 땅콩

준비 ❷ 씨앗 구하기

애완동물을 기르고 있나요? 강아지, 고양이, 딱정벌레, 고슴도치, 새, 요즘은 파충류 기르는 친구들도 있어요. 귀엽고 아름다운 동물을 기르는 것은 아주 즐거운 일이지만 귀찮은 일도 생겨요. 집도 지어 주어야 하고, 날마다 먹이를 주고 씻기는 일도 해야 하지요. 아프면 돌봐 주고요. 외출을 할 때에도 먹이를 챙겨 주어야 하고, 여러 날 여행을 가게 된다면 다른 사람에게 맡기기도 하지요.

식물 기르기도 마찬가지예요. 동물에게 먹이를 챙겨주듯이 식물에게 알맞은 물이나 거름을 주어야 합니다. 특징도 알아야 해요. 햇빛을 좋아하는지, 직사광선을 피하는 것이 좋은지 알아야 튼튼하게 기를 수 있어요. 모든 것에 앞서 씨앗(종자)을 구해야 농사를 지을 수 있지요.

콩나물 길러 보려고?
물을 조금 줘도 안 되고
많이 줘도 안 돼.
너무 뜨거우면 안 돼. 얼음물 안 되고.
적절히, 알맞게, 주면 돼.
쉽지? 그리고 뭐든 정성을 들이면
더 잘 크지.

준비 ❸
재배 기술 배우기

▶ 설레는 첫 날

콩나물을 기르기 전에 썩은 콩이나 벌레 먹은 콩을 골라내요. 쟁반에 쏟아 놓으면 잘 보여서 고르기가 쉽지요. 두런두런 함께 이야기하면서 고르면 재미있어요.

콩이 쏟아지지 않게 테두리가 있는 소반에 콩알을 펼치고 콩을 골라요.

동글동글하고 단단히 여문 콩만 골라요.
쭈글쭈글 마른 콩, 벌레 먹은 콩, 덜 여문 콩은 골라내요.
썩은 콩이 들어가면 다른 콩도 상하기 쉬워요.

★ **해콩으로 길러요.** 해콩은 올해에 거둔 콩을 말해요.
★ **콩나물콩** 대개 노란 메주콩으로 콩나물을 길러요. 콩알 크기가 작은 콩으로 기르면 좋아요. 콩나물로 자라지 않는 콩도 있으니, 가게에서 살 때에는 콩나물콩인지 확인하고 구입해요.

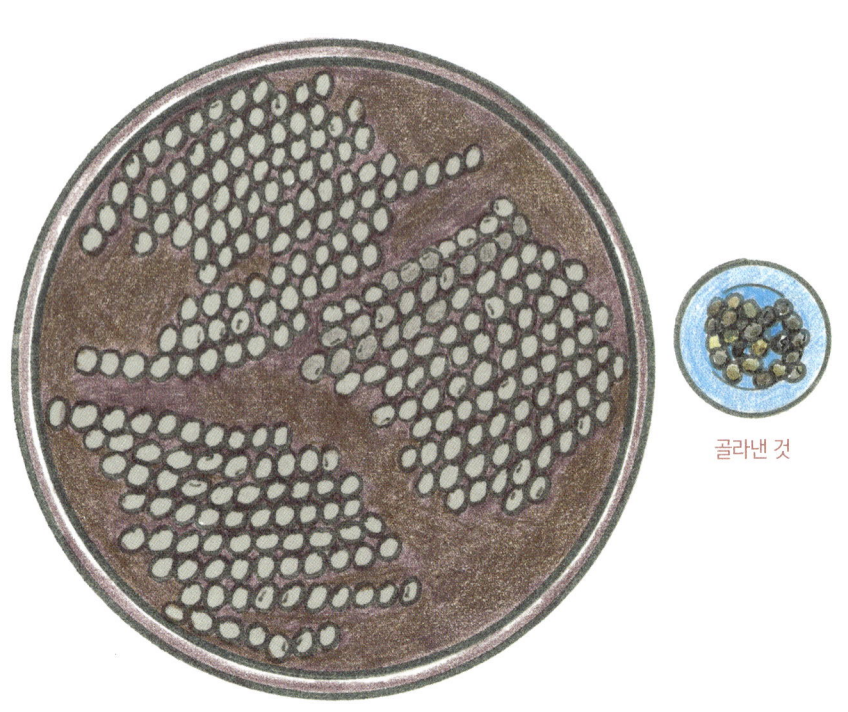

고른 콩

골라낸 것

이 책에서는 '쥐눈이콩'으로 기를 거예요. 껍질이 투명하지 않고 까매서 관찰하기 좋고, 콩알이 작고 맛이 고소해요.

콩 1컵=160cc=약 300개

고른 콩을 깨끗이 씻고, 찬물에 불려요. 불릴 때에 크기가 넉넉한 그릇에 담고, 물을 콩보다 3배 더 넣어요. 콩이 물을 많이 먹을 거예요.
적어도 반나절(4시간) 이상 불려요.

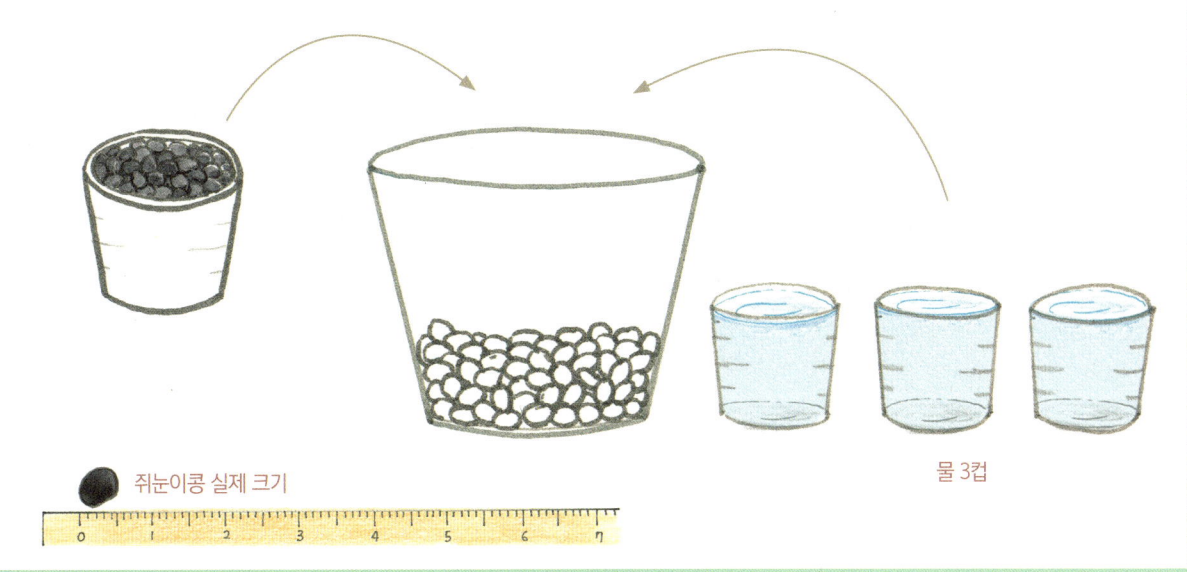

쥐눈이콩 실제 크기

물 3컵

콩 크기가 커졌어요. 모양도 바뀌었어요. 통통하고 길쭉해졌어요.
말랑말랑해요. 배꼽이 잘 보여요.

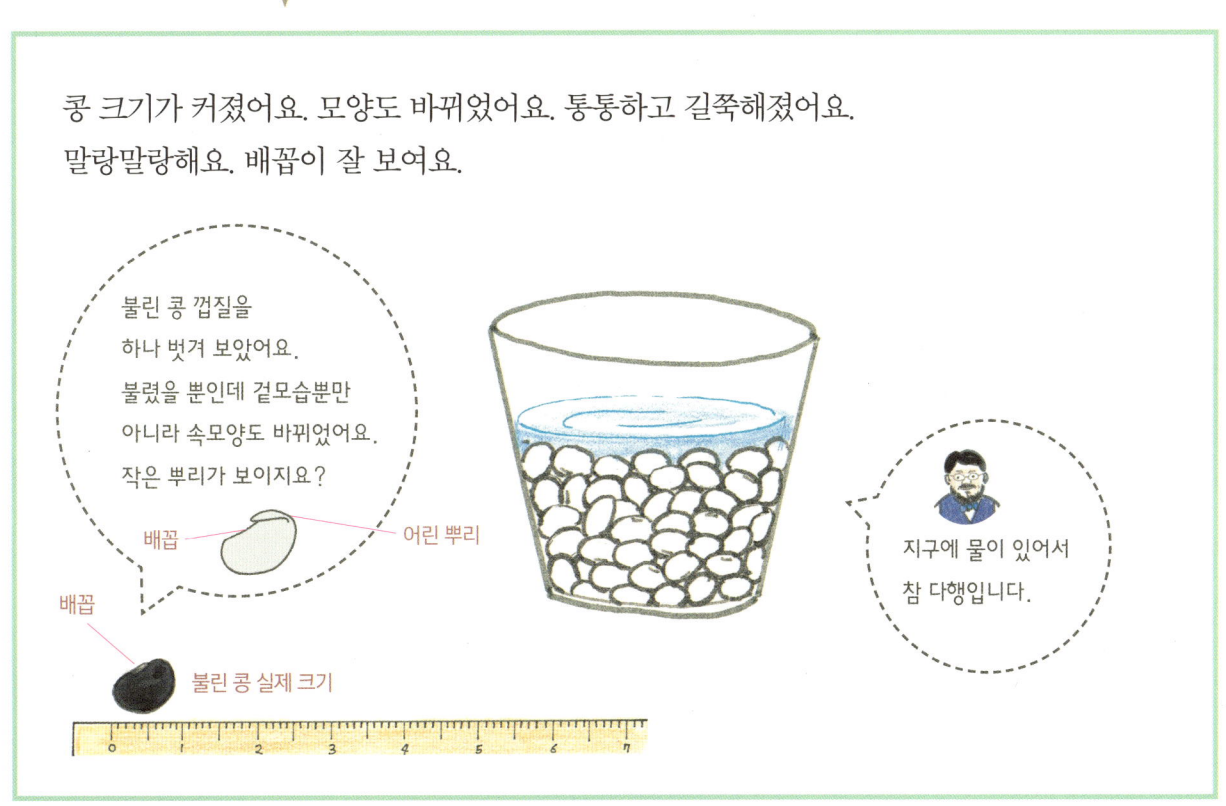

불린 콩 껍질을 하나 벗겨 보았어요. 불렸을 뿐인데 겉모습뿐만 아니라 속모양도 바뀌었어요. 작은 뿌리가 보이지요?

배꼽   어린 뿌리

배꼽

불린 콩 실제 크기

지구에 물이 있어서 참 다행입니다.

▶ 기대되는 둘째 날

준비된 콩나물시루에 불린 콩을 넣어요.

나는 농부, 시루는 밭, 콩은 씨앗. 콩나물을 기를 거예요.

시루가 콩의 양에 비해서 너무 크고 넓어도 콩나물이 잘 자라지 못해요. 촘촘하게 자라야 길게 커요.

콩이 시루의 5분의 1이 넘지 않게 넣어요. 콩나물이 자라면 시루가 넘치거든요.

★ **검은 보자기를 씌우기** 빛이 들어가면 싹이 돋거나 콩 머리가 푸르게 되어요. 냄비랑 주전자는 뚜껑만 덮으면 돼요.
★ **이제부터 날마다 물 주기** 하루에 4~5번 콩알마다 물이 잘 닿도록 골고루 물을 듬뿍 뿌려요. 물이 적으면 콩이 마르고 잔뿌리가 많아져요.
★ **기다리기. 궁금해도 자주 열어보지 않기** 잠을 푹 자야 잘 자라요. 식물이나 동물이나!

 콩나물을 아주 많이 길러보셨다고요?

 내가 바로 '콩나물 농부'였어요.

 우와, 저는 정말 콩나물 반찬을 좋아해요.
왜 여러 작물 중에서 콩나물을 선택하셨나요?
콩나물 반찬 좋아하셨어요?

 콩나물무침, 콩나물밥, 콩나물국 모두 좋아하죠.

 콩나물 농사지을 때 무엇이 힘들었나요?

 콩나물만 먹었던 거요. 아, 농담이고요, 힘든 건 없었어요. 콩나물은 물만 주면 잘 자랐죠.

 사실 저는 처음에는 콩나물 기르기 실패했었어요.
수확한 지 2년 넘은 오래된 콩으로 했더니 아예 뿌리가 나지 않았고,
두 번째엔 시루가 너무 크고 콩이 적었더니 길게 자라지를 않더라고요.

 다시 하면 되지요.

 맞아요. 세 번째에는 성공했어요.

 한 번에 다 되는 일은 거의 없죠. 실패할 수 있어요. 농사도, 과학 실험도.

 이 책에는 세 번째에 성공한 콩나물 기르기를 기록한 거예요.
그리고 화가 선생님도 직접 기르며 그림을 그렸고요.

 그렇군요. 과학도 실패를 하면서 발전했어요. 그림도 멋지네요.

▶ 환호하는 셋째 날

 셋째 날 아침, 싹이 돋았어요!

 콩나물에서는 뿌리입니다.
햇빛을 가리는 재배 기술로 잎은 나지 않고
뿌리만 내리게 기르는 거예요.

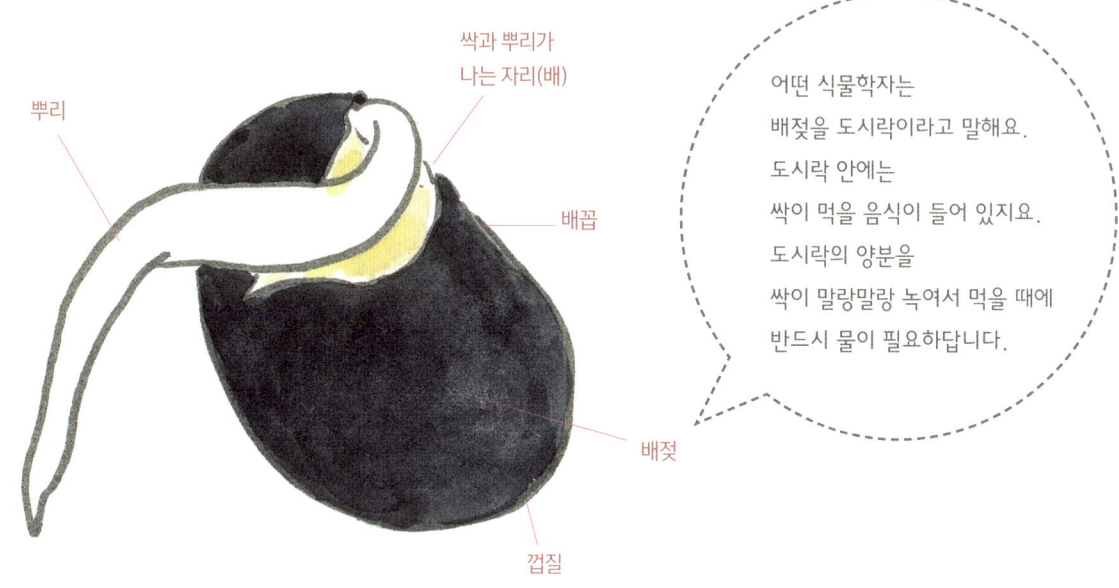

어떤 식물학자는
배젖을 도시락이라고 말해요.
도시락 안에는
싹이 먹을 음식이 들어 있지요.
도시락의 양분을
싹이 말랑말랑 녹여서 먹을 때에
반드시 물이 필요하답니다.

- **배꼽:** 콩꼬투리와 연결되어 있던 자리. 양분이 들어오는 통로였던 자리로 동물의 배꼽과 그 역할이 비슷해요.
- **배:** 싹과 뿌리가 될 곳. 한자로 '배(胚)'라고 하지요. 콩나물은 잎은 나오지 않고 뿌리만 나오지요.
- **배젖:** 양분을 저장하고 있는 곳
- **껍질:** '씨껍질'이라고 해요. 배와 배젖을 보호하지요. 생각보다 질기고도 튼튼해요.

콩알을 불려보았지요? 뿌리가 돋은 콩 속도 보았지요? 모양이 바뀌는 것만이 아니라 콩알 안의 양분을 싹이 흡수할 수 있게 바꾸는 거예요. 콩알 속에 가득 차 있는 양분을 스스로 녹여서 먹는 중이에요. 양분은 주로 탄수화물(녹말)인데 물을 흡수해서 말랑말랑하게 만들어요. 뿌리가 딱딱하고 질긴 씨껍질이나 단단한 흙을 뚫고 나오는 힘이 생겨요. 사람이 돕지 않아도 물만 주면 씨앗이 스스로 하는 일이지요.

▶ 조급해지는 넷째 날

 오늘도 물을 다섯 번 주었는데, 별로 안자란 거 같아요.
언제 먹을 수 있을까요?

 여름에는 5일, 겨울에는 7일이면 다 자라 먹을 수 있어요.

 빨리빨리 자랐으면 좋겠어요.

 식물이 자랄 때는 시간이 필요해요.

 그래서 '기다리는 마음'이 준비물에 있었군요.

 아래 그림을 보세요. 씨앗에 있는 양분만으로 자란 새싹이에요.

땅에 심으면 씨앗에 들어 있는 양분만으로 뿌리도 내리고 잎사귀는 2장쯤 만들 수 있어요.

벼 싹   콩 싹

 씨앗 속에 있던 도시락(배젖)만 먹고 이만큼 자란다고요?
어머나, 신기해라.

 콩나물도 이제부터는 뻗은 뿌리로
물을 쭈욱 흡수하면서 자랄 거예요.
물 잘 주면서 기다려 봐요.

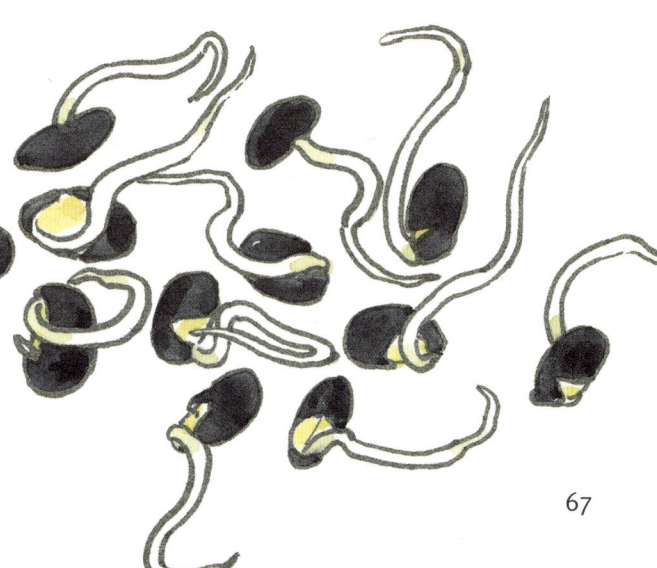

▶ 금세 지나가는 다섯째~여섯째 날

물 주기도 쉽고, 익숙해졌어요. 콩나물을 먹으면 키가 큰다는 말이 왜 생겼는지 알 것 같아요. 물만 주었는데 키가 쑥쑥 컸어요. 농사짓는 작물은 흔하고 잘 자라야 하지요. 벼나 콩, 무, 배추처럼 먹기 좋고 영양이 많은 것도 오랫동안 먹어 온 이유입니다.

시루 만들기가 가장 까다로웠죠? 농사지을 때에 밭 만들기도 마찬가지예요. 나무와 풀을 뽑아내고, 거름 주고 흙을 일구고 돌을 골라내면서 지금의 논과 밭이 만들어졌어요. 지금도 논과 밭의 흙을 보존하고 일구는 일이 가장 힘든 일 중 하나예요.

● 사람이 길들인 식물들

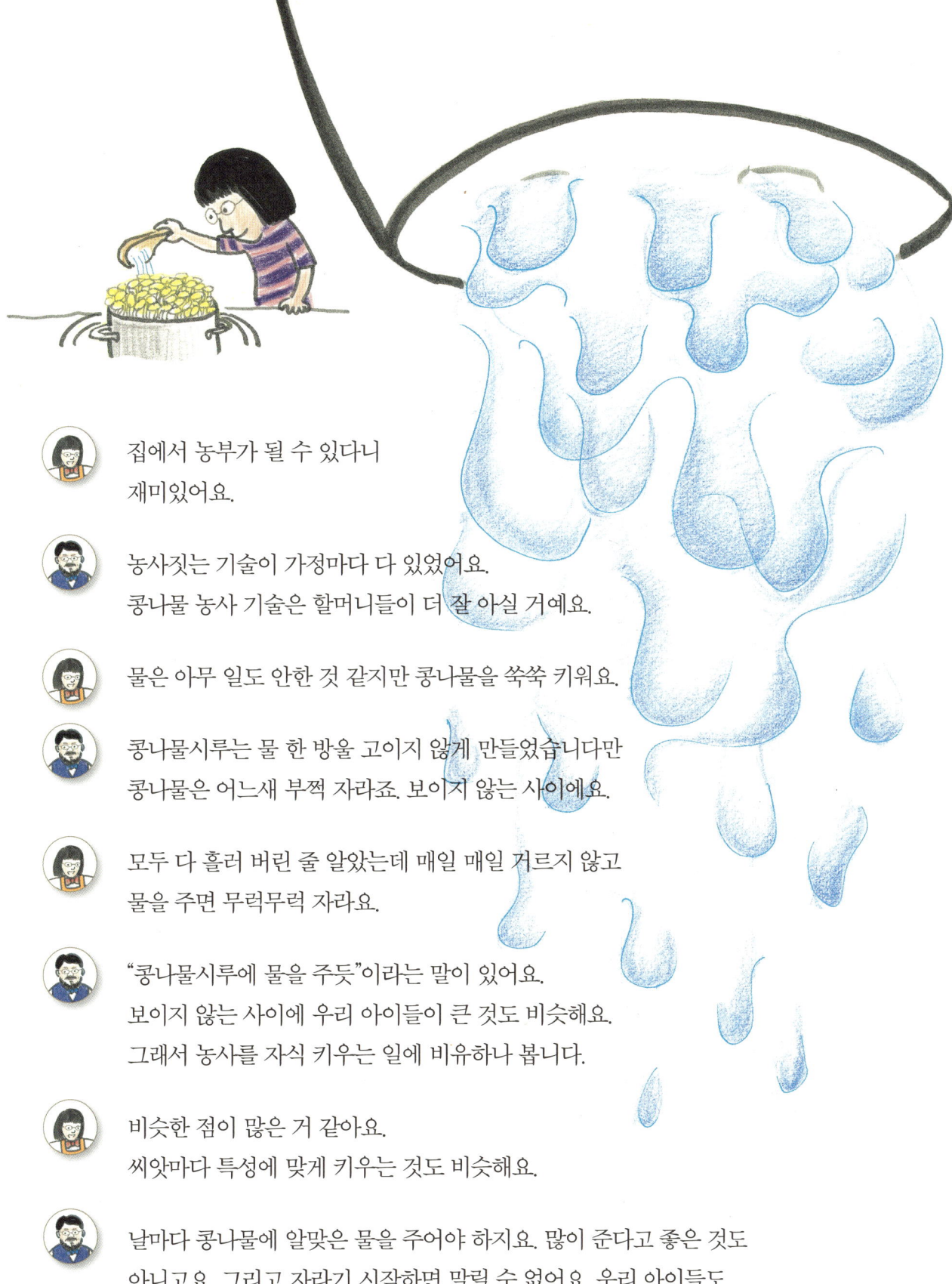

- 집에서 농부가 될 수 있다니 재미있어요.

- 농사짓는 기술이 가정마다 다 있었어요.
  콩나물 농사 기술은 할머니들이 더 잘 아실 거예요.

- 물은 아무 일도 안한 것 같지만 콩나물을 쑥쑥 키워요.

- 콩나물시루는 물 한 방울 고이지 않게 만들었습니다만
  콩나물은 어느새 부쩍 자라죠. 보이지 않는 사이에요.

- 모두 다 흘러 버린 줄 알았는데 매일 매일 거르지 않고
  물을 주면 무럭무럭 자라요.

- "콩나물시루에 물을 주듯"이라는 말이 있어요.
  보이지 않는 사이에 우리 아이들이 큰 것도 비슷해요.
  그래서 농사를 자식 키우는 일에 비유하나 봅니다.

- 비슷한 점이 많은 거 같아요.
  씨앗마다 특성에 맞게 키우는 것도 비슷해요.

- 날마다 콩나물에 알맞은 물을 주어야 하지요. 많이 준다고 좋은 것도
  아니고요. 그리고 자라기 시작하면 말릴 수 없어요. 우리 아이들도
  그랬죠. 여러분도 모두 그럴 거예요.

▶ 수확하는 일곱째 날

엄마, 콩나물 다 키웠어요!

잘 자랐어?
머리는 노랗고 뿌리는 뽀얗고
밝은색이 나야지.

이쁘게 잘 컸어.
근데 잔뿌리가 좀 났어요.

잔뿌리가 많아? 물이 적었네.
잔뿌리 없이 뿌리가 쭉쭉 뻗은 것이
잘 큰 거야.

다 키운 콩나물은 어떻게 해요?

얼른 검은 봉지에 넣어.
투명한 비닐에 넣고 신문지로 겉을 싸서
냉장고에 넣어도 되고.

기를 때처럼 햇빛 안 닿게?

그럼, 그래야지.
안 그럼 냉장고 안에서도
머리가 푸르게 변해.

콩나물 머리가 푸르면
먹으면 안 돼요?

아니, 괜찮아.
근데 풀색이 되면 싹이
올라올 수도 있어.

* 반찬을 해먹고 남았다면?
역시나 빛이 닿지 않도록
검은 봉지에 넣어서 보관해요.
빨리 먹는 게 가장 좋아요.
싱싱할 때 먹어야 맛도 좋아요!

* 혹시 상했다면?
특히 여름에 길렀다면 조심히 살펴보고 먹어요.
머리가 물러지면 썩은 거니까 버려야 해요.
꼬리가 끝이 검고 마르면
떼어 내고 다듬어서 먹어요.

제가 기른 콩나물이에요!

 수확하는 기쁨이 크죠.

 네. 근데 콩이 알아서 스스로 자란 거 같아요.

 재배 기술까지 배웠으니 농부가 다 되었군요.

> 콩이 콩나물이 되고 나면 영양분이 더 보태져요.
> 콩의 영양소에서
> 지방·탄수화물은 좀 줄어들지만,
> 칼슘, 인, 철분, 비타민A, B1 등이 늘어나요.
> 그리고 물만 주어 길렀는데도
> 원래 콩에는 없던 비타민C가 콩나물에 생겨요.

7일 기른 콩나물 1개

시루 위로 올라온 콩나물들

> 농부에서 요리사로!

 요리를 못하는 까닭을 알아냈어요.

 네?

 제가 음식을 하면, 정말 맛이 없더라고요.

 요리를 못하나 보죠.

 제가 농촌에서 자랐는데요, 채소나 콩나물 다 텃밭에서 길러서 바로 먹었던 거예요.

 맛있는 음식의 공통된 비법은 신선한 재료라고 하죠.

 그걸 제가 이제 알았네요.

 길러 보면, 어떤 것이 건강한 식재료인지 한눈에 쉽게 고를 수 있어요.

 맞아요! 직접 기른 콩나물이 있으니 자신 있게 무침을 해볼게요.

❶ 다듬기

껍질 벗기기. 뿌리 끝이 검으면 떼어 내고요.
머리가 노랗고 단단하고, 꼬리 끝까지 희고 건강하면 통째로 먹어요.

그나저나 아무 말 대화창: 과학 공부의 비법; 관찰과 기록

- 그나저나 강연 원고가 거의 끝나가네요.(아쉽다.) 과학 공부를 잘하려면 어떻게 해야 하나요? 끝나기 전에 독자들을 위해 비법을 알려주세요.

- 강연을 마치고 나면 늘 나오는 질문이에요. 어른들이 잘하는 질문이고, 어린이들은 하지 않는 질문이죠.

- 어떻게 답해 주시나요?

- 비법은 없다! 과학 공부는 쉽지 않다! 말씀드리죠.

- ㅠㅠ 그러면 어떤 노력을 하는 게 좋을까요?

- 꾸준히 책을 읽고요, 그리고 관찰하고 기록하는 것이 도움이 될 거예요.

- 관찰과 기록이요?

- 콩나물을 기르고 먹는 데에 만족하지 말고, 관찰하고 기록을 남기는 거죠.

- 콩나물 관찰 일기를 쓰면 좋겠네요!

- 관찰하고 기록하고, 그리고 그 정보를 바탕으로 이야기하고 생각을 키워가는 것이 과학적인 태도예요. 과학도 계속 바뀌고 발전해요. 과학을 보는 태도를 배우는 게 과학 공부를 잘하는 비법이라면 비법일 거예요. (그리고 화학 원소 등 기초적인 것은 구구단처럼 외우는 게 좋죠. 그걸 극복하고 나면 쉬워집니다.)

- 그나저나 2백여 년 전까지만 해도, 식물학과 동물학을 과학으로 취급하지 않았다면서요?

- 그러니 농업도 과학으로 여기지 않았죠. 지금은 생물학의 시대입니다. 어린이들이 농학도 공부하면 좋겠어요. 어디서든 바로 관찰할 수 있고 기록하기 쉽죠. 해마다 농사를 지으니까요.

과학적 태도를 배우기에 농업 공부가 좋다고요?

 해볼 만하죠. 기르고 나서 음식도 해먹고 같이 나눠 먹고요.

 맞아요. 기르는 동안은 좀 길게 느껴지지만 직접 길러서 먹으면 정말 맛있어요.
그나저나 써주신 원고 중에서 훔볼트와 다윈 이야기를 빼서 죄송해요.

편집을 과감하게 하심…….

 훔볼트가 낯설고요, 농업과 거리가 먼 거 같아서요.

 농업은 생물학의 영역과 가장 가깝죠.
다윈이 진화론을 쓰기 전에 비글호를 타고 5년 동안 여행을 떠났었죠.

 네, 그건 유명한 이야기죠.

이 유명한 이야기에서 빠진 게 있어요. 다윈이 비글호를 타게 되고 진화론을 깨우치기까지 크나큰 영향을 끼친 사람이 훔볼트죠.

 훔볼트와 다윈이 가까운 사이였나요?

 훔볼트는 다윈보다 나이가 40살쯤 많아요.
지금 이 책을 읽는 어린이와 내 사이와 비슷하죠.

 독자와 저자 사이요?

 맞아요. 다윈은 비글호를 탈 때 훔볼트가 쓴 《신변기》라는 책을 가져갔어요. 다윈이 말했죠.
"이 책은 내 마음에 불을 지폈다."

비글호

대체 어떤 책이기에! (이 책도 어린이들의 마음에 불을 지폈으면…….)

훔볼트가 열대 지역을 5년 동안 탐험하고 나서 자세하게 기록하며 새롭게 떠올린 생각도 담은 책이에요. 유럽에 처음 열대의 자연을 알렸죠.

멋지네요!
그 당시 열대에 가는 것조차도 힘들었을 텐데요.
5년씩이나 있었다니요.

훔볼트 이후, 지금으로부터 2백여 년 전에야 동물과 식물도 과학의 영역으로 들어왔어요.

그렇군요. 훔볼트는 어린이들에게 아직 널리 알려지지 않은 인물이에요.

그나저나 훔볼트가 한 말을 몇 마디라도 꼭 전하고 싶군요.

- 식물은 농업을 통해 정치와 경제에 영향을 미쳤다.
- 시간이 경과해도 가치가 감소하지 않는 자산은 농업 생산물밖에 없다.
- 노예제는 자연에 역행한다. 자연에 역행하는 것은 불공평하고 악하다.
- 이 세상에 우월하거나 열등한 인종은 없다.

_《자연의 발명》 중에서

과학으로 취급받지 못하던 식물, 동물, 농업, 산림에 관심을 가졌을 뿐만 아니라 여행하며 직접 본 사실을 기록하고 남겼어요.
2000여 년 전에 자연, 정치, 사회는 서로 연결되어 있다고 책에 쓴 훔볼트는 아주 용기가 있던 거죠.

다윈과 같은 과학자와 괴테 같은 문학가에게도 영향을 끼쳤다는 것이 흥미로웠어요.

훔볼트의 여행과 기록이 다윈 등으로 이어지면서 더 큰 의미가 생겼어요.

그럼 다윈도 농업에 관심이 있었을까요?

그럼요! 당연하죠. 다윈의 《종의 기원》이란 유명한 책도 '농부의 품종 개량'이라는 내용으로 시작해요.
자신에게 불을 지핀 책에서 말한 식물, 동물, 그리고 농업에 관심이 없을 수가 있나요.

그렇다면 이 책에도 관찰과 기록의 지면을 넣어야겠어요!

원고는 안 넣어주시고…….

이정모 관장님은 아마도 다윈 같은 어린이들에게 훔볼트 같은 책의 저자가 되어주실 거 같아요.

혼자 엄청난 업적을 이룬 사람은 없어요.
서로 영향을 주고받고, 농업처럼 꾸준히 이어나갈 때 발전하는 거지요.

농사는 오랫동안 가장 중요한 최고의 과학 기술이었잖아요. 지금도 마찬가지입니다.

77

[관찰과 기록]

농부들도 농경 일지 쓰지요. 우리도 콩나물 농사를 지었으니 관찰 일지를 써 볼까요?

● 콩 / 불린 콩

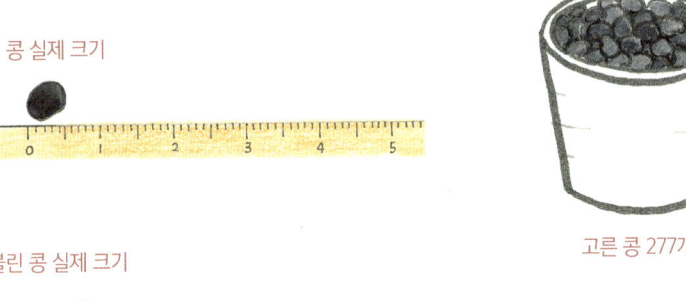

콩 실제 크기

불린 콩 실제 크기

고른 콩 277개

● 시루

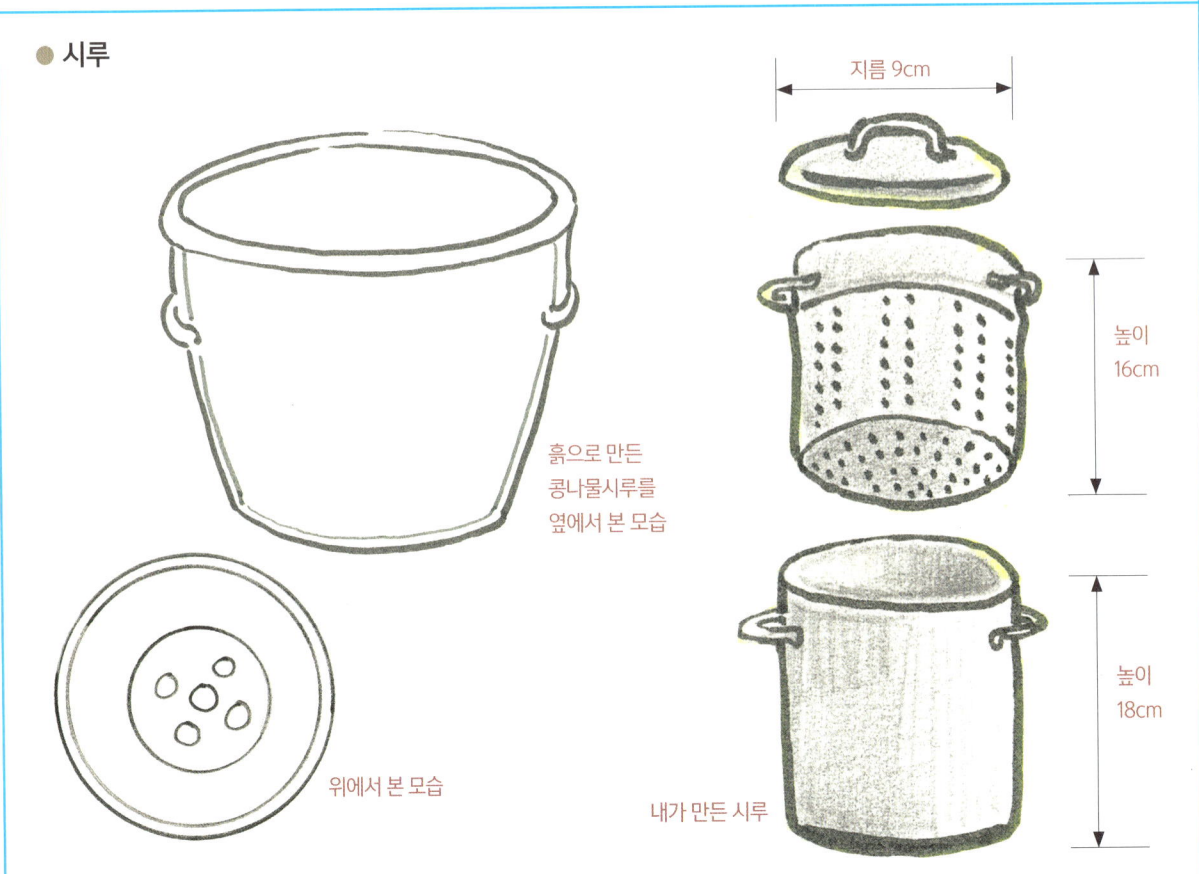

흙으로 만든 콩나물시루를 옆에서 본 모습

위에서 본 모습

지름 9cm

높이 16cm

높이 18cm

내가 만든 시루

● 콩나물이 자란 과정

관찰하고 기록하다 보면,
새로운 사실을 발견하게 되지요.
더 자세히 관찰하면
기억도 오래 가고요.

1일 2일 3일 4일 5일 6일 7일

하루에 얼마씩 자란 걸까? 콩나물을 그리고 쓰다 보니 궁금해졌어요.
다 자란 콩나물 길이 15cm (÷) [24시간×뿌리가 난 뒤 5일 동안] → 1시간마다 약 1밀리미터(mm)씩 자란 셈!

[관찰과 기록]

여러분의 콩과 시루는 어떤 모습인가요?

> 글과 그림, 시, 낙서, 사진도 좋아요.

● 콩, 불린 콩

● 시루, 겉모습과 속모습

● **1~7일 동안 콩나물 변화** (실패도 기록해요. 그리고 원인을 찾아보고 다시 길러 보세요.)

▶ 사진으로 기록하기

❶

2월 21일 — 콩 고르기
2월 21일 — 물에 콩 불리기
2월 21일 — 콩과 불린 콩 길이 재보기
2월 21일 — 콩나물시루 준비

❷

2월 22일 — 불린 콩을 시루에 넣고 뚜껑을 닫아 둠

❸
2월 23일 — 뿌리가 나옴

❹, ❺

2월 24일
2월 25일
날마다 4~5번 물을 듬뿍 주었음.
콩나물이 점점 키가 커지고 있음

❻

2월 26일
2월 26일
뿌리가 더욱 길어졌음.
콩나물 머리가 모두 위쪽을 향해 자람

❼
2월 27일
2월 27일
시루에서 콩나물을 뽑아 그릇에 담음.
다 자란 콩나물 길이 재기

콩나물을 기르던 사이 눈이 내렸어요. 2016년 2월의 기록입니다. 날씨와 그날 있었던 일을 함께 기록해도 좋아요.

▶ **사진으로 기록하기**

여러분의 콩과 시루는 어떤 모습인가요?

강연 ❹

이것이 농사다

미국의 유명한 투자자 짐 로저스가 한국에 와서
대학생들에게 이렇게 강연했어요.
"여러분은 농업을 공부하라."
버락 오바마 전 대통령도 "농업 앞에는
막대한 경제적 이익이 놓여 있다."고 말했죠.
사람에게 가장 중요한 것은 먹는 것이에요.
그런데 먹을 것을 생산하는 농사에 대한 지식이
사라지면 어떻게 되겠어요.
여러분이 어른이 되었을 때는,
농업은 이 세상에서 가장 중요한 학문이
되어 있을 겁니다.

■ 농업의 3요소는 뭘까?

개념, 용어, 정의 이런 걸 쓰려고 하면, 책 만드는 편집자들은 다 말리더라고요. 어렵다면서요. 하지만 공부할 때 오히려 쉬운 방법이에요. 과학도 용어를 공부하는 거예요. 개념을 명확히 잡고 정의를 내리면 공부의 반은 끝나요. '농사짓기'를 알려면, 농업이 무엇인지 정의를 내리고, 농사로 무엇을 얻으려 하는지 목적을 알아야 하죠. 에둘러 이야기하지 않고, 길게 늘어뜨려 말할 것도 없으니 경제적이죠. 빠른 길이에요.

자, 농업이 뭘까요? 농업은 사람들이 땅을 이용해 필요한 식물이나 동물을 기르는 거예요. 그리고 농업의 목적은 '농업 생산물'을 만드는 거죠.
농업 생산물을 만들려면 무엇이 필요할까요?

1 씨앗(종자), 2 재배 기술, 3 환경

● 논밭 농사

이 세 요소가 조합될 때에 생산물이 생겨나요.
동물을 기르는 축산도 곤충을 키워
꿀이나 옷감을 얻는 양봉과 양잠도
큰 범주에서 농업이에요.

● 사람이 길들인 동물들

● 돼지 사육

■ 어디까지가 농업일까?

'어디까지가 농업일까?'라는 농업의 영역과 범주를 보면 농업이 무엇인지 더 정확히 알 수 있죠.

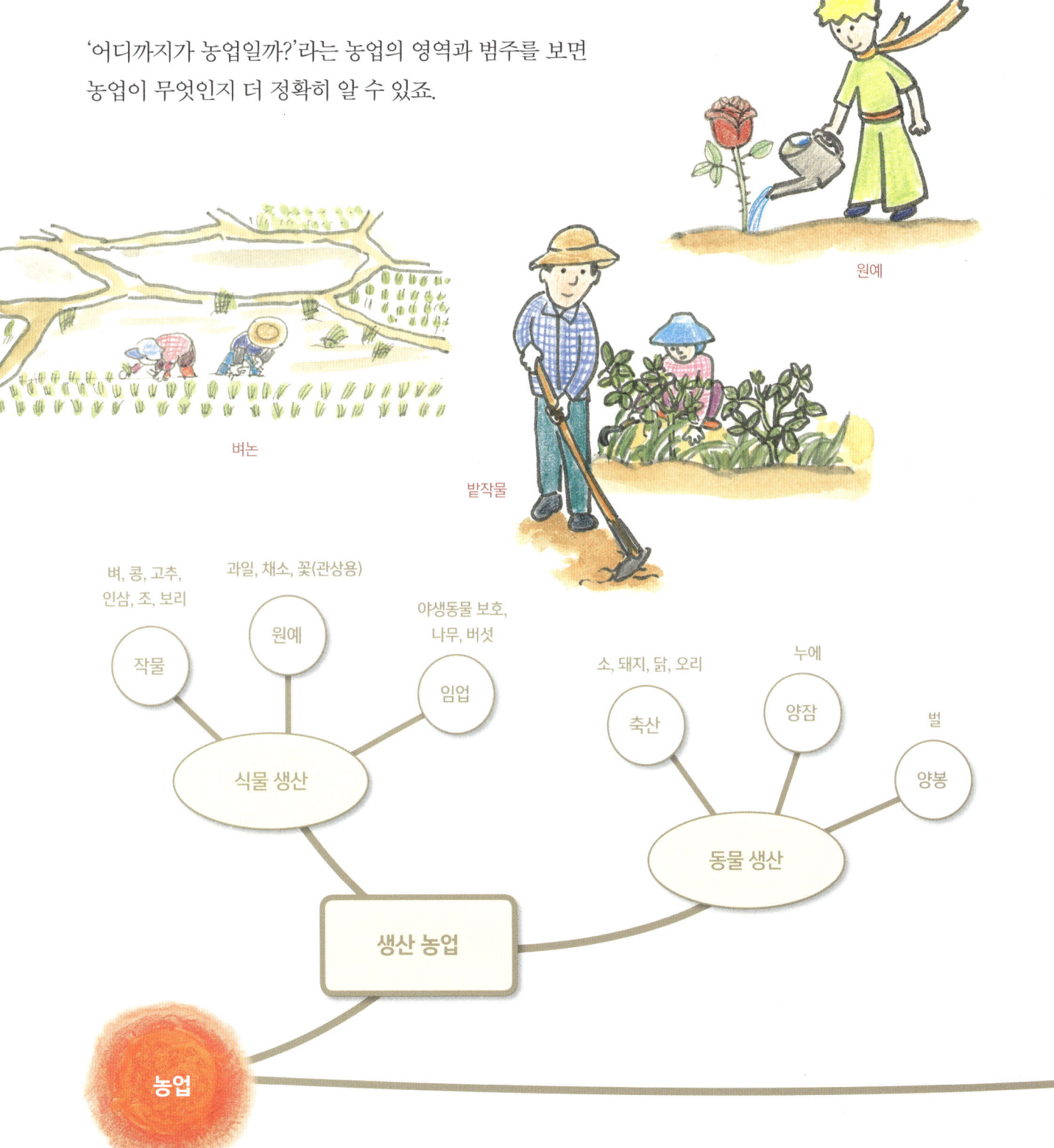

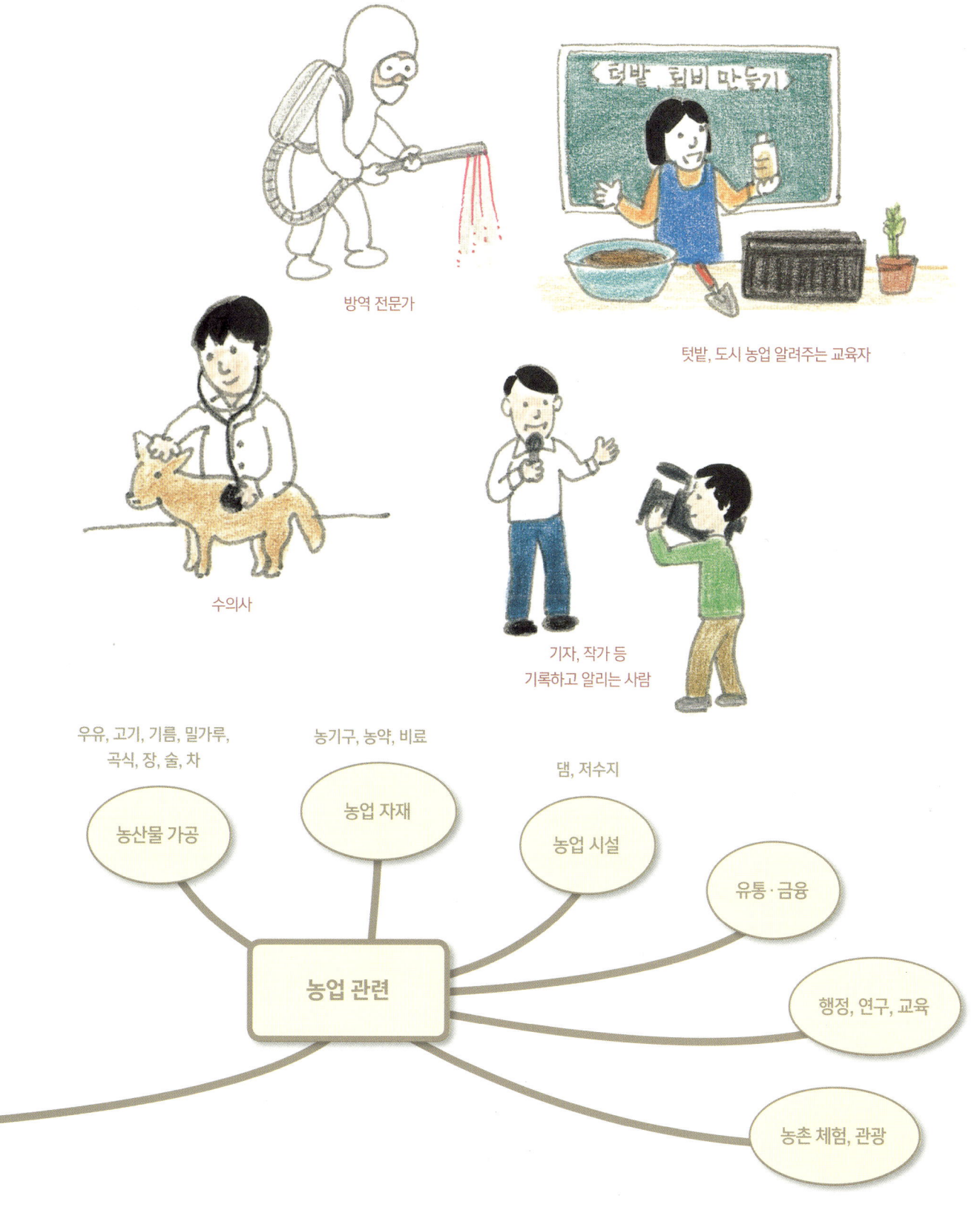

■ **점점 더 넓어지는 농사**

여기에 한 가지 더 보태고 싶어요. '농촌'도 포함해야 하죠. 농부가 사는 마을이 있어야 농사가 계속 될 수 있어요. 사람이 사는 곳에는 반드시 필요한 학교와 병원, 물건을 파는 가게도 있어야 농사를 짓는 농촌이 지켜지겠죠.

농업에 대한 어떤 대안을 만들려면 또는 문제점을 해결하려면 농업을 둘러싼 모든 것을 알아야 하죠.

30~40년 전만 해도 우리나라에서 일하는 사람 중에
농업과 관련된 일을 하는 사람이 절반쯤 되었습니다.
농업의 나라라고 해도 틀린 말이 아니었지요.
지금은 농부가 우리나라 전체 인구의 5~7퍼센트쯤 된다고 하니,
짧은 사이에 엄청 줄어들었어요.
최근, 농촌에 살지 않더라도
농사를 지으려는 사람이 점점 늘고 있어요.
도시에서도 밭을 만들고 농사를 짓는
도시 농부들이 늘고 있거든요.

세계인의 3분의 1은
여전히 농사와 관련된 일을
하고 있어요.
우리도 모두 농부가 될 수 있어요.
다른 일을 하면서도
작은 텃밭을 누구나 가꿀 수
있으니까요.

■ 농사는 1만 년, 엽록체는 35억 년

현재 지구의 식물이 몇 종일까요? 약 35만~37만 종이라고 합니다. 그중 우리가 먹는 식물 종류는 7000종입니다. 농사를 짓는 식물은? 주요 작물은 수십 종에 불과하죠. 특히 나라마다 주로 심는 작물은 기후마다 알맞게 골라 기르고 있어서 식물의 종류에 견주면 농사짓는 작물은 아주 적은 편이에요.

농작물이든 잡초든 모든 식물은 공통점이 있어요. 앞에서 본 엽록체(47쪽)를 통해 광합성을 한다는 거예요. 광합성을 하지 않으면 자라지도 못하고 씨앗도 맺지 못해요. 첫 장에서 1만 년 농사의 역사를 보았는데, 마지막으로 수십억 년 동안 있었던 엽록체의 역사를 살펴봅시다.

● **한눈에 보는 엽록체의 역사**

지구 46억 년을 1년으로 줄여서 봅시다.
긴 시간을 줄여서 보면 한눈에 보입니다.
암석과 물 등 무생물이 먼저 생겼지요.
광합성을 하는 엽록체는 35억 년 전에 생겨났어요.

[35억 년 전]
3월 17일
시아노박테리아 등장

[38억 년 전]
2월 21일
첫 생명체가 나타남

[46억 년 전]
1월 1일
지구의 탄생

[138억 년 전]
우주의 탄생

40억 년 전의 지구는 화성과 비슷해요.(줄여서 본 달력에서 2월 10일경이죠.)

현재의 화성과 40억 년 전 지구는 무엇이 같은가요?

산소 농도요.
대기 중에 산소가 0.1퍼센트였죠.

겨우 0.1퍼센트! 숨을 쉴 수가 없겠네요. 지금 지구의 대기는 21퍼센트가 산소잖아요.

엽록체가 없었다면, 지구는 화성과 다를 바 없었을 거예요.

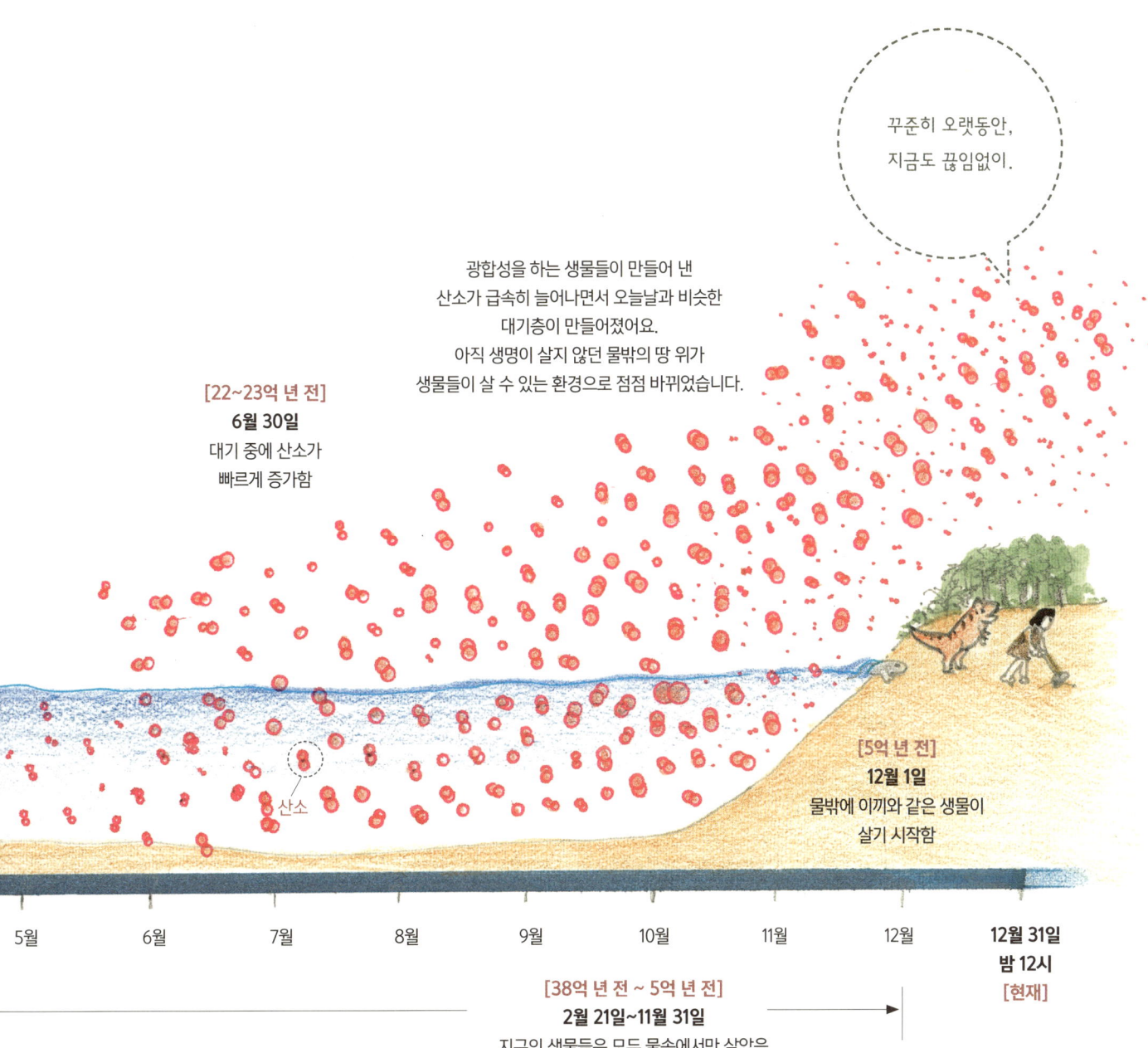

* 엽록체가 만들어준 것 : 포도당, 그리고 산소!

현재 지구의 대기에는 아마 35억 년 전에 생긴 산소가 섞여 있을지도 몰라요. 35억 년 전 지구에 광합성을 하는 박테리아가 나타났고, 그 시아노박테리아가 광합성을 하면서 산소를 내놓았어요. 그 뒤 엽록체가 있는 생물들이 진화를 거듭하고 다양해지고 많아지면서 산소를 끊임없이 내놓았어요. 식물에게는 필요가 없어서 밖으로 내보낸 것이 지구 대기에 쌓이고 쌓여서 숨 쉬기 좋은 지구가 된 거예요. 공룡이 살기 전 어떤 시기에는 현재보다 산소가 더 많았을 거라고 추정해요. 지금은 얼마나 있냐고요? 지구 대기의 기체 중에 21퍼센트가 산소랍니다. 엽록체는 여전히 산소를 만들고 있어요.

이처럼 우리는 엽록체에 기대어 살아가고 있어요. '엽록체가 움직이지 않는다면?'이라는 생각을 한 번만 해 보면 금세 느낄 수 있을 거예요. '지금 농업이 멈춘다면?'이라는 상상을 해 보면 농업이 얼마나 중요한지도 느낄 수 있겠죠.

인류가 1만 년 전, 농사를 짓지 않았다면? 하고, 책의 첫머리(12쪽)에서 생각해 보았는데, 사람들은 농사를 꼭 지었을 거예요. 살아가기에 가장 좋은 방법을 사람들은 찾아냈을 테니까요.

● **뜨거운 논란과 발전 중인 농업 관련 주제들**

농사는 인류에게 하루라도 멈추면 안 되는
가장 중요한 과학 기술이자 오래된 산업이고요.
세계 곳곳에서 우리 생활 가까이에서 일어나고 있어요.
생물도 생물학도 진화하고 있어요. 농업도 마찬가지입니다.
진화는 공동체를 안전하게 만들려고 하지요.
무조건 경쟁만 하는 건 아니에요.
우리 식량의 미래, 즉 농업이 진화하고 멈추지 않게 하는 것도
우리를 안전하게 만드는 일이에요.
해마다 건강한 씨앗을 보관하고 거름을 만들어 땅의 힘을 지키는
농부들의 꾸준한 농사일은 지구에 사는 우리 모두를 안전하게 해 주고 있어요.

> 과학 기술의 발전에 따라 세상이 급격하게 변하고 있어요. 과학을 이해하지 못하면 현재 사회에 대한 이해나 미래의 예측도 힘들지요.

● 이 책을 만든 사람들

그림을 그리는 동안 행복했고, 많이 배웠습니다. 지구는 참 아름답군요!

그림 안경자

아, 지구는 참으로 아름답군요!

글 이정모

지구는 정말 아름답군요!

도움주신 분
아빠 농부
엄마 농부

실제로 화성에 대기를 만들 계획을 세우고 있어요. 농사를 지을 계획도 세우고 있고요. 지구에서 남극과 같이 식물을 키우기 힘든 곳에서는 우리가 체험한 콩나물 기르기처럼 실내 텃밭에서 채소를 기르고 있죠. 한때 농학자가 되고 싶었어요. 농업이 우리나라를 튼튼하게 만들 거라고 생각했었거든요. 그 생각은 지금도 같아요. 꿈에 가까워진 것 같아 강연이 더욱 재밌었습니다. 농사는 책으로만 배울 수 있는 게 아니죠. 손으로 배우고 몸으로 익혀야 해요. 지구는 꾸준히 오랫동안 농사를 지어온 행성이니까 마음만 먹는다면 누구나 농사를 지을 수 있겠죠. 어린이 여러분들이 어른이 되었을 때 더욱 중요해질 농업. 잊지 말아요~.

농사에는 많은 지식이 필요해요. 40년 넘게 농사를 짓고 있지만 날씨도, 씨앗도, 흙도 해마다 상태가 달라요. 열 평 정도까지는 누구나 곁눈질로 지을 수 있어요. 하지만 그 이상이 되면 배워야 해요. 누구에게 배울까요? 우리나라에서는 농부들의 나이가 해마다 1.6세씩 높아지고 있어요. 젊은 농부들이 생기지 않아서 그래요. 농업에 대한 지식이 사라질 위기죠. 지금도 농사는 이웃 농부들에게 서로 물어보면서 서로 씨앗을 나누면서 이루어지고 있어요.

아, 지구는
참 아름답군요!

편집 노정임

사람에게 가장 중요한 것은 식량이에요. 먹는 것을 생산하는 농사에 대한 지식이 사라지면 어떻게 될까요? 어린이들과 이 질문에 답을 찾아보고 싶었어요. 아 참, 물주기가 조금 귀찮았지만 직접 기른 콩나물은 정말 맛있었어요.

우정 출연

우주를 여행하고 있는
어떤 우주인

지구는 아름다워요. 그리고 꾸준히 오랫동안 농사를 지어 온 농부들이 사는 무척 괜찮은 행성이에요.

글, 그림으로
디자인하는 동안 즐거웠고,
나 또한 많이 배웠습니다.
"농사짓는 행성" 지구는 정말
아름다워요!

디자인 김선태

이 책을 읽는 모든 분들께 드리는
편집자의 편지

- 이 책을 왜 내는지 독자들이 알아줄까?
- 여기저기 숨겨 둔 재미있는 요소를 찾지 못하고 읽지 않으면 어쩌지?
- 농사에 대한 책이 현재 우리 어린이들에게 어떤 도움이 될까?
- 어떤 독자들이 이 책을 응원해 줄까?

걱정과 기대 사이를 오가며 책을 기획하고 편집하게 됩니다. 바람은 뚜렷합니다. 독자들이 '재미있게' 읽었으면 하는 거예요. 궁금함이 해결되고 지식이 채워지는 것도 아주 재미있는 경험이 되지요. 농사에 대해 알아갈수록 놀라움이 더해지고 마음이 움직였기 때문에 '농업·농사'에 대한 책을 배짱 있게 내기로 했습니다. 농사와 관련없는 사람은 없으니 모두에게 도움이 될 거라고 굳게 믿었고요.

현재의 지구가 만들어지기까지 46억 년이 걸렸다는 사실을 과학자들이 밝혔어요. 땅속에 증거들이 남아 있고, 계속 찾아내고 있어요. 뿐만 아니라 공기 중의 기체 성분도 알아내고 있어요.
화석에서 농사를 지었던 씨앗을 발견하는 등
농사와 인류에 대한 새로운 사실도 계속 발견하고 있어요.

꾸준히 오랫동안

▶ **농사란 무엇인가?**

이 책은 '농사'를 정의해 나가는 과정입니다. 역사 공부, 과학 실험 등을 통해서 말이죠. 어떤 단어를 정의하는 일은 쉽지 않습니다. 어떤 학자는 아예 불가능하다고 해요. 어떻게 정의를 내려도 그 단어는 정의 안에 갇히지 않아요. 또 말은 말에 머물지 않고 점점 변화하고 있기 때문이라는 생각도 들었어요.

하지만 정의를 해 보려고 노력하면, 아주 많은 것을 알아낼 수 있습니다. 이 책에서 보여주고 있는데 찾으셨지요? 한 권의 책에서 정답을 내려줄 수는 없습니다. 어떤 한 사람이 결정을 내릴 수도 없고요. 우리 모두 눈이 밝아져야 합니다. 농사에 대한 공부는 1만 년이라는 긴 역사를 보아야 하고, 지구 전체의 생물과 무생물이, 그리고 태양과 산소도 농업과 협력하는 관계를 살펴보아야 합니다.

이 책을 다 읽고 나서, 이어서 농촌에 대한 사회책, 농부와 농학자의 이야기책, 농사 방법을 알려주는 지식책을 읽어가면 더욱 정확히 알 수 있을 거예요.

▶ 농부에게 배우고 과학자에게 묻고 우주인의 시선을 빌려

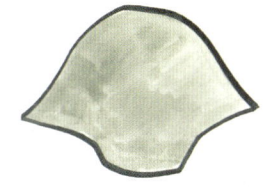

모든 농부들이 더 자부심을 갖게 되길 바랍니다. 이 책에서 본 것처럼 농부들은 대단한 농사 지식과 지혜를 갖고 있어요. 책 속의 농부는 실제 농부이신 부모님입니다. 콩과 콩나물 기르고 먹는 법을 농부께 직접 배웠습니다. 콩나물 기르기는 누구나 어디서든 당장 해보실 수 있어요. 1주일 동안 농부가 되어 재배 기술을 체험하게 됩니다. 방에서 부엌에서 교실에서 꼭 해보세요. 조연처럼 등장하는 어린왕자를 닮은 우주인이 눈에 띄지요? '길들이기'가 농사와 비슷하고, 잡초를 뽑고, 양 키우고 장미를 돌보는 어린왕자와 농부의 공통점을 내세우지는 않았어요. 상자 속에 있지만 양이 어떻게 생겼는지 알아보고, 소행성 전체를 보며 자기가 사는 행성의 특징을 잘 아는 통찰력이 더 시급했거든요.

농업은 1만 년 동안 이루어져 왔고, 현재 제도와 사회 환경 때문에 아주 복잡하게 얽혀 있어서 문제가 생겨도 어디서부터 해결해야 할지 잘 풀지 못하는 어려운 문제가 되었습니다. 농사는 범주가 큽니다. 역사는 깊고요. 농업 덕분에 세계 인구가 늘었고 바로 오늘 끼니를 먹을 수 있지만, 잘 보지 못하게 되었어요. 통찰력 있는 안경이 필요했습니다. 지구 전체를 보는 눈, 속을 들여다보는 눈을 갖게 할 안경을 우주인에게 빌렸습니다. 어린왕자와 비슷한 우주인도 어린왕자처럼 중요한 것을 한눈에 알아보죠.

이정모 관장님과 함께하기 때문에 '화성 실험실'에 갈 수 있었습니다. 우주여행도 재미있고 화성에서 콩을 길러보는 실험도 흥미진진합니다. 지구와 가장 비슷한 행성 '화성'에서 농사를 지어보는 상상을 통해, 농사에 필요한 요소를 절실하게 경험할 수 있으며, '지구'에 사는 생명들과 환경이 더 현실감 있게 느껴지게 됩니다. 실제로 한동안 콩나물 농사꾼이었던 관장님 덕분에 책의 개성이 살아났습니다. 언제나 강조하시는 말씀이 "같이 살자"입니다. 지식을 채우고 마음을 움직이는 아자 지식책의 딱 맞는 저자입니다.

▶ 나에게 필요한 앞으로의 지식

로봇이 만들어지고 인공지능이 발전하면서 엄청난 변화가 예측되는 미래에 나에게, 그리고 우리 어린이들에게는 어떤 공부가 필요할까요? 지식은, 앞으로의 지식은 단순히 외우거나 답습하는 것이 아니라 무언가를 보는 눈을 키우는 지식이 아닐까요?

알게 되고 생각하는 시간이 길어지면 사랑이 생기죠. 농사에 대한 지식이 쌓이길, 농부를 사랑하는 마음이 싹트길, 그리고 관찰력과 통찰력, 즐거움과 아름다움을 느껴주시길, 무엇보다 부디 재미있게 읽어주시길 절실히 바랍니다. 어린이뿐만 아니라 폭넓은 독자들이 읽기를 바랍니다. 어린이책은 누구나 쉽게 읽을 수 있는 친절하고 예쁜 책입니다.

재미있게 읽기만을 바란다더니 책을 만든 편집자는 바라는 게 참 많습니다. 정성스럽게 만들었으니 곁에 두고 두고두고 읽어 주세요. 지구 사람들 3분의 1이 참여하고 있는 농업, 우리의 먹을거리를 만드는 농사는 알고 보면 나와 아주 가까운 이야기입니다.

참고 도서와 자료

김바다 글·그림 《내가 키운 채소는 맛있어!》 한림출판사, 2012

김서형 지음 《Fe 연대기》 동아시아, 2017

노정임 글, 안경자 그림 《콩 농사짓는 마을에 가 볼래요?》 철수와영희, 2013

닉 레인 지음, 양은주 옮김 《세상을 만든 분자 산소》 뿌리와이파리, 2016

도널드 R. 프로세로 지음, 김정은 옮김 《공룡 이후》 뿌리와이파리, 2013

발렌티나 데필리포·제임스 볼 지음, 왕수민 옮김 《인포그래픽 세계사》 민음사, 2014

백인열 외 지음 《알콩달콩 우리 콩 이야기》 기역, 2011

염정섭 글, 한용욱 그림 《우리나라 농업의 역사》 사계절, 2015

샘 킨 지음, 이충호 옮김 《사라진 스푼》 해나무, 2011

소어 핸슨 지음, 하윤숙 옮김 《씨앗의 승리》 에이도스, 2016

시어도어 그레이 지음, 닉 만 사진, 꿈꾸는과학 옮김 《세상을 만드는 분자》 다른, 2015

아리사와 시게오 글, 쓰키모토 카요미 그림, 김창원 옮김 《식물재배도감》 진선아이, 2001

안드레아 울프 지음, 양병찬 옮김 《자연의 발명, 잊혀진 영웅 알렉산더 폰 훔볼트》 생각의힘, 2016

앤디 위어 지음, 박아람 옮김 《마션》 RHK, 2015

이정모 지음 《공생 멸종 진화》 나무나무, 2015

이정모·노정임 글, 안경자 그림 《꽃을 좋아하는 공룡이 있었을까?》 찰리북, 2014

정혜경 지음 《채소의 인문학》 따비, 2017

잭 챌로너 지음, 김아림 옮김 《세포》 더숲, 2017

토머스 헤이거 지음, 홍경탁 옮김 《공기의 연금술》 반니, 2015

피터 워드 지음, 김미선 옮김 《진화의 키, 산소 농도》 뿌리와이파리, 2012

한국콩박물관추진위원회 편 《콩》 고려대학교출판부, 2005

* 잡지와 신문, 참고서

《경향신문》 '밥상 위의 세계' 연재

《비주얼 화학》, 《물과 수소》, 《완전도해 주기율표》 뉴턴코리아

《화학1》, 《농업 이해 ; 농생명산업1》 EBS